LOCUS

LOCUS

LOCUS

mark

這個系列標記的是一些人、一些事件與活動。

mark179

南方，寂寞鐵道：我們在時光列車上相遇

作　　　　者	蕭菊貞
責 任 編 輯	陳秀娟
美 術 設 計	許慈力
封 面 設 計	陳世川
照 片 提 供	上善醫文化工作室、何駿逸、黃凱群、何振宏

出 　版　 者	大塊文化出版股份有限公司
	105022 台北市松山區南京東路四段 25 號 11 樓
	www.locuspublishing.com
	locus@locuspublishing.com
服 務 專 線	0800-006-689
電　　　　話	02-87123898
傳　　　　真	02-87123897
郵 政 劃 撥 帳 號	18955675
戶　　　　名	大塊文化出版股份有限公司
法 律 顧 問	董安丹律師、顧慕堯律師
	版權所有 侵權必究

總 　經　 銷	大和書報圖書股份有限公司
	新北市新莊區五工五路 2 號
電　　　　話	02-89902588
傳　　　　真	02-22901658

初 版 一 刷	2023 年 6 月
初 版 六 刷	2024 年 8 月
定　　　　價	599 元
I　S　B　N	978-626-7206-66-9

南方,寂寞鐵道

ON THE TRAIN

我們在
時光列車上
相遇

蕭菊貞

著

目錄

第 三 章

我們的鐵道時光

第 四 章

在南方的列車上
我們相遇

終 章

推薦語

在看得到大山
看得到大海的地方祭拜感謝

文｜王小棣 導演

台灣，其實把海跟平原都讓給了
人們，自己就住在群山裡吧。

你步行在群山裡偶爾會為高聳、
為延綿、為四望遙遠、為幾束天
光停下腳步，心裡說：「哇！好
美啊台灣。」

蕭菊貞導演用六年的時間記錄探
索南迴鐵道的人、火車，和他們
的故事，六年踏實的腳步追上他
們在群山裡的身影，探勘、鋪
軌、開山洞，長年駐守、搶救修
復，或每分鐘踩一下警醒器駕著
火車在看不到盡頭的軌道上飛馳
……在山裡走的深了，拍下了屬
於山和鐵道的寂寞、溫柔……

紀錄片不像劇情片有既定的劇本，
這六年蕭菊貞導演不斷有想找的
人、想聽的口述、想捕捉的片
刻、想多拍的細節……當然，就
有不斷增加的費用、不斷增加的
資金焦慮……現在紀錄片終於完
成，導演還整理了工作筆記，用
文字描述了好多難忘的經歷和動
人的畫面。

「退休了還會夢到開火車，一直開
一直開，前面忽然沒有路了……」

「每一次搭南迴，看到海的顏色都
是不一樣的。」

蕭菊貞導演的旅程帶我們入山、看
海、聽故事，看見別人的付出，讓
我們不相遺忘。

關於蕭菊貞

文｜黃惠偵 導演

《南方，寂寞鐵道》始於一個很簡單的緣由，因為蕭菊貞導演本身是一個重度的火車搭乘者。然而一個真正的好創作者總是這樣的，她可以只憑著單純的動機，卻創造出令人超乎意料的繁複精彩。蕭菊貞導演在台灣電影圈是個獨特的存在，不單只是因為她的作品曾創下的輝煌得獎紀錄，更因為她不隨俗浮沉的率真性格，讓她的創作一直保有某種少見的純粹性。

她關切人們生命的當下，也重視台灣這塊土地上的每一段記憶，不論是曾經身為傳奇但成年後生活潦倒的少棒選手、因戰亂而與家鄉別離數十載的凋零老兵，又或是眼前這條蜿蜒峻險的南方寂寞鐵道，她透過鏡頭與文字所紀錄的從不只是故事，而是一段又一段她不忍世人遺忘的歷史。

一部記錄下台灣鐵道歷史的紀錄片

文｜陳明章 電影配樂

少年時，從高雄屏東走海岸線到台東，客運每回都在大武站休息，那時還沒有南迴鐵路，從大武、太麻里到台東，這是我年輕時常在南迴公路的旅程，路途相當遙遠。2020 年，我再次乘坐著南迴鐵路，延著海岸，從多良、大武、太麻里，一站一站追憶著過去的思念……

蕭菊貞是一位扎實願意等待的導演，她找我做這部紀錄片的音樂，一看完初剪，我就跟蕭導說：「我知道你要什麼。」

製作配樂主題「南方，寂寞火車」，我用美麗的阿美橫笛和流浪的手風琴，用音樂編織這條鐵路上的旅人和鐵道員共同的生活記憶。

謝謝蕭菊貞記錄下這一段台灣重要的鐵道歷史。

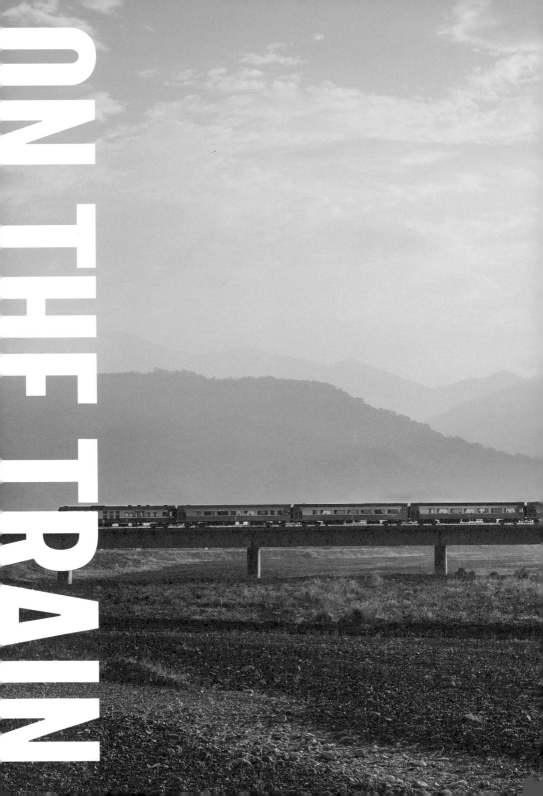

ON THE TRAIN

第一章

一個人的孤單
一群人的不寂寞

01

火車空間是封閉又充滿驚奇的交會，
每一次的搭乘都會遇到來自他方的陌生人，
他們帶著自己的故事、祕密、目的地，
和我在這空間裡相遇。

在火車上

我一直是重度的火車搭乘者，大學時期
北上念書，畢業後開始投入影像記錄工
作，更是在台灣四處奔波，中年後又為
了照顧家人得要每週往返台北花蓮，
「在火車上」始終佔據了我生活中一塊
不小的時間和空間。

在火車上，是一段很特別的旅程經驗和
生命的出離感，時間的流轉不再是指針
滴答滴答的移動，而是窗外不斷流逝的
風景和驚鴻一瞥卻無法停留的感傷；火
車空間是封閉又充滿驚奇的交會，每一
次的搭乘都會遇到來自他方的陌生人，
他們帶著自己的故事、祕密和目的地，
和我在這空間裡相遇。有時透過一通電
話的交談聲音，一不小心就潛入了另外
一個生命故事裡，有時透過鄰座的臉龐
和姿態，也能看見人生百態。悲傷、喜
悅、疲憊、自信……

在看似獨處的火車空間裡，人們通常會
毫無防備的洩漏出自己最真實的面貌。
所以不管是看人、看風景，都是火車的
旅程裡，讓我著迷又帶有冒險的時刻。

頁 8-9 第一章章名頁圖。
攝影／黃凱群。

累了，隨時睡一下；醒來了，窗外又是
一片風景。在搖晃的火車上，我總是可
以得到很好的補眠機會，搖呀搖的～不
知是否也呼應著兒時的搖籃經驗，對我
來說就是很好睡。

所以學生時代往返台北高雄最愛坐的就
是夜車，半夜台北出發，一早天亮抵達
高雄，不僅票價便宜，也覺得賺到了時
間而感到沾沾自喜。連假時就算買不到

火車窗外流逝的風景，也像
是人生跑馬燈，一幕幕都有
它的故事。

座位，也不用擔心，搭夜車帶幾張報紙，車門邊、走道上，都能找到棲身之處，雖不舒適，但撐一下、瞇一下，就能回到家了。搭火車的點滴回憶，不管是回家、離家、追逐夢想或放逐自己，應該都是許多台灣人記憶中難忘的經驗，在那個買不起私家車，沒有高鐵，又坐不起飛機的成長年代裡，庶民生活移動的基本調子就是坐火車。

所以在我教授台灣電影的課堂上，也常跟學生們說：

看看早期電影裡那些主角們內心的轉折，時空的轉移，甚至悲歡離合的聚首和等待，多少是發生在火車站、月台上和車廂裡？這些空間完全見證了當代人們的笑容和眼淚。

尤其侯孝賢導演的電影，不少都能見到火車，例如《在那河畔青草青》是內灣線上的故事，鍾鎮濤飾演的代課老師，開場時搭火車來，最後結尾老師坐火車

火車是電影中很好的過場，尤其適合烘托內心轉折的心情，總是藏著詩意的情愫。

離開，來去間成就了一段動人的師生故事；《兒子的大玩偶》裡陳博正飾演的主角，生活困頓得要揹著三明治人的電影宣傳板子，在大街小巷和火車站前工作，小丑的笑臉看盡人潮來來往往的冷漠，更顯六〇年代台灣底層人的辛酸；《童年往事》阿孝咕居住的地方，生活背景就是有火車來來去去，彷彿是最有象徵性的活動佈景；《戀戀風塵》開場就是美麗的平溪線，車廂穿越隧道的明暗之間，青澀的戀情盡在不言中，無論是阿公在月台上的等待，或男女主角從小鎮到大都市的闖蕩，月台和火車站都瀰漫著滿滿的時代味道；《悲情城市》，兩場經典畫面，分別是梁朝偉飾演的文清（瘖啞）在車廂裡遇到暴動，被質問：「你是哪裡人？」文清發出含糊的聲音說：「我是台灣人！」還有最後他們一家人無處可去，拎著皮箱在火車月台上留下的蒼茫感，都讓人難忘。

刻畫著平民生活現場的鐵道環境，一直以來被許多導演關注。不只侯導，還有王童導演的《稻草人》，在日治時期貧

窮的台灣孩子沒有零食吃，他們就是等待著糖鐵小火車滿載甘蔗通過上坡路段時，衝到車廂後方抽取甘蔗，抽到一枝算一枝。甚至到了近代電影《總鋪師》，吳念真飾演的憨人師，就是隱居在荒廢的地下鐵道區，魔幻寫實的場景設計，穿梭著都市辛苦人，大家互相取暖，一碗白菜滷就能孕釀出幸福的滋味。

我在自己 2000 年的紀錄片作品《銀簪子》中，形容自己離家回家的心情時，無意間也選擇了火車窗景作為影像和故事的流動象徵，當時沒有特意地，只是很自然地引用，直到我這次投入鐵道紀錄片的拍攝時，才想起這顆畫面……原來這也是我心底的那幅回家風景呀！

所以，若問我為何想拍和火車有關的紀錄片？一點都不是衝動和偶然興起，應該也是一種追尋，我找不到比鐵道、火車更好的視角來閱讀台灣早年庶民生活的軌跡。火車穿越高山平原，鐵道遍佈台灣，不只台鐵的環島線和大小支線，

在日治時期還建設了糖鐵、林鐵、礦
鐵、港鐵等，雖是為了殖民時期天然資
源的運輸方便，但也因此讓台灣的鐵道
密度和多樣性成為特色。

若仔細想，台灣有多少縣市鄉鎮，是以
火車站為聚落發展核心向外擴散，多少
居住線的延伸是伴著鐵道建設，雖然現
在許多都已經成為老舊商圈或急待都更
的區域，但仍可清楚的看見這些城鎮的
發展輪廓。

在群山中看著火車通過，特
別容易感動，晨昏陰晴間各
有情懷。

攝影／何駿毅。

我不是大家想像的鐵道迷，對於火車類
型和各種細節，所知有限。但我喜歡觀
察車站附近的城鎮樣貌和人們的活動，
還有鐵道沿線的變化。

於是 2016 年完成了紀錄片《我們這樣
拍電影》後，我開始起心動念，想拍一
部以鐵道文化閱讀台灣的紀錄片，坐在
火車上每每興起這想法，總是讓我感到
非常興奮。

02

帶我走向
南迴的人

因緣難思議，
沒想到他正是引領我走進
南迴鐵道故事的第一把鑰匙。

一開始，創作企圖很大，希望能拍一部從鐵道文化閱讀台灣社會變遷的紀錄片，但田調開始進行，就知道那可能得花十年才能完成的龐大計畫，非我現階段能力與資源所及，而且要進入台鐵拍攝也非容易之事。

當我猶豫著是否要放棄之際，正好在台東行醫的好友沈邑穎醫師告訴我，「我有一個病人的先生，他好像就是在台鐵前線工作，妳要不要跟他聊一聊再想想？」

他是哪種工作？我問。沈醫師尷尬地笑了，「我不知道，只知道他在台鐵工作，經常要日夜輪班很辛苦，聽說壓力很大⋯⋯」於是，我和南迴的因緣，就從沈醫師的診間外長廊起了個頭。

張統明，皮膚黝黑身材瘦高，說起話來是直接了當的漢子，一點都不拐彎抹角。

第一次見到他時，我對他的認識近乎一張白紙，交換名片後才知道他是台鐵台東工務段的副段長，他的妻子罹患了類風濕性關節炎，只要他能排休一定親自陪妻子看醫師。

「如何解決問題！」是和張統明大哥談話時的畫線重點，毋需客套的噓寒問暖，找出問題怎麼處理才是要務，務實又急性子，一開始我還真不太習慣和他對話。熟悉後想想，這應該是他的職業病吧！

因緣難思議，沒想到他正是引領我走進南迴鐵道故事的第一把鑰匙。

人生很像是一段旅程，隨時可能有驚喜和考驗，相信一切都是好因緣，也是自己努力向前的態度。

攝影／何駿毅。

　　一個人的孤單，一群人的不寂寞

03

真的要拍南迴嗎？
我不免仍有一絲遲疑，
就拍攝地點來說，
真的很遠呀！

鐵漢柔情

「你對老婆真的很好！」

我嘗試轉個彎先軟化這硬漢，因為直接談鐵路，張統明總是帶著傲氣又公事公辦的大哥，但一談到輪椅上的老婆，他馬上就變溫柔了。在拍攝紀錄片的現場，交朋友或是採訪，都不能僵化和硬著來，我們面對的是活生生有血有肉有感情的人，「被同理」是很重要建立信任關係的橋樑。

果真我開啟了故事的大門。

「我虧欠她太多了，以前我都是只為了工作，心裡只有台鐵，興建南迴鐵路根本沒日沒夜，通車以後維護鐵道安全也是戰戰兢兢，一出事不得了。所以我爸爸媽媽之前的照顧，尤其是他們生病的時候，幾乎都是我太太一個人在承擔，現在她生病了，全身骨頭痛又坐輪椅，我對不起她呀！只要現在能夠讓她舒服一點，我什麼都可以做，一條電熱毯十一萬我也買下去！」張統明大哥重情義，對妻子滿滿的愧疚，和對鐵道維護

左上圖：張統明（左）與同事合照。

的使命感，當下都很觸動我。

和他細談後，也知道了他的故事是早年
很多鐵道員的縮影，父親在日治時期和
光復後都是基層的鐵路查道工，扛鐵軌
的肩膀和背部早都變形了，是他對父親
最深刻的印象。所以年輕時張統明堅持
不進台鐵，而是去學木工，但最後仍不
敵家人的期待，希望他有份穩定的工作
收入，他才勉強走入了鐵道員的行列。

「我在台鐵四十年，現在我也把這個棒
子交給我兒子，我兒子剛考上養護所，
現在也在臺東工務段號誌房擔任號誌
維修工作了，所以我們是三代鐵道家
庭！」他笑得得意。

啊？我正想問他看見父親那麼辛苦，他
為何還敢投入鐵道工作？沒想到我話還
沒出口，他話鋒已經轉為驕傲的神情跟
我炫耀自己的兒子也考上鐵道工作了。

「你說在工務段壓力很大，責任很重，
為什麼你還是讓兒子走這條路？就像你

當時也沒有一定要做跟爸爸一樣的工作不是嗎？」

「這種感情很複雜，對鐵路就是有那一份感情，我爸爸退休，我爸爸也鼓勵我考鐵路，我也鼓勵我兒子考鐵路。」

那份感情是什麼？我繼續追問。張大哥想了想，「以前的台鐵人很有感情，婚喪喜慶都會凝聚在一起都會參加，現在時代是變了啦，但我們以前感情真的很好……」他嘗試形容，卻很難具體地說出台鐵人的那份情感是什麼。於是他轉而開始滔滔不絕地跟我說起道班工不為人知的工作辛勞……

「早年的道班工，科技落後，以前枕木是木頭的，用久了會腐爛，所以要更換。這是一份很粗重的工作，按照公里來計算，一個道班一天強迫換七支，這七支工作量很大，要把舊的挖出來，挖出來以後，你新的塞不進去，還要挖大洞一點，才可以推得進去，推進去釘好了以後，會懸空啊，還要把碴石回填，

這些工作就是道班做的。還有以前晚上都要查道，早上也要查道，以前的查道是人工，徒步查道，都是用走的，揹一個查道袋，都是用走的……我們檢查過了，火車在上面走才會安全，那麼多人在上面，不能出錯的。」

張統明。要走進別人的生命故事，也需要很大的勇氣，你不可能不擾動彼此的世界。

我想，有些答案可能我需要自己去尋找吧！張統明大哥是我接觸第一位前線的鐵道員，他的家族故事讓我驚訝，也對鐵道工作起了不少困惑。但他的真誠卻讓我相信這男人真是把責任扛在肩上呀。

在他的引領下，我走訪了一趟南迴鐵路。路上他語重心長地一直跟我說：

「導演，妳現在一定要來拍，不拍就沒有了。我們電氣化工程已經開始了，再過兩年，全台環島鐵路都是電線竿電網，這麼單純的鐵道就不見了。你要拍鐵路故事就是要把握現在！從南迴開始。」

這時他已經不是我們初見面時的酷酷長官，更像是一位好朋友的請託和分享。

原本已經對拍攝台灣鐵道紀錄片打了退堂鼓，起了猶豫，沒想到卻是走到了島嶼的最南方，被鐵道員和這段鐵路所吸引。陌生、荒涼、美麗又危險，是我對南迴的最初印象，但真的要拍南迴嗎？我不免仍有一絲遲疑，就拍攝地點來說，真的很遠呀！路途遠，同時也代表著拍攝經費是加倍的成本。紀錄片拍攝熱門題材都不容易找資金，更何況要拍這麼偏遠的故事……

紀錄片的拍攝功課，在故事現場，時時刻刻都是試煉，無法彩排、模擬、重來。

04

一路上的拍攝紀錄與人物故事
有更多是影片長度篇幅容納不了的，
心被觸動後，便放不下了。

南迴有
故事嗎
？

時隔六年，《南方，寂寞鐵道》的紀錄片雖然完成了，但一路上的拍攝紀錄與人物故事有更多是影片長度篇幅容納不了的動人，心被觸動後，便放不下了。

2017 年，我決定投入拍攝南迴鐵路的故事後，很快地收到不少提問。

火車到處都有，幹嘛跑那麼遠？
台東屏東都很遠，怎麼不在北部拍就好？
我搭過南迴，都沒什麼人，
有什麼故事可以拍？
沿路很多都是原住民部落，火車又老舊，
你要想清楚未來紀錄片給誰看？
台鐵委託你的嗎？
……

這部紀錄片真是我拍過最難執行的內容，資金難尋，火車跑得快也難追，故事都埋在看不見的地方，我們得要自己挖掘，參考資料也極為有限。

但創作就是要有股志氣，當你知道這裡有寶石時，就算別人都不相信你，你唯一能做的就是把它挖出來，證明給大家看它有多美。

在火車上，我很喜歡觀察旅客，這是一種很靠近又彼此安全的距離，到站了，關係就結束了。

右頁圖：攝影／何振宏。

05

南迴線雖然是
搭乘人數最少的路線，
但若少了它，
台灣環島鐵路系統也不完整了。

寂寞鐵道

**我常這麼說，南迴鐵道是台灣環島
鐵路中最美麗也最危險的鐵道路
線，因為路線貫穿中央山脈南段，
連通屏東與台東，進入山區僅有少
數部落散居，也少有公路系統支
援，因此沿線地景十分自然原始，
少有開發破壞。**

它是台灣環島系統最後完成的一段，路
線規劃從民國三十六年開始，歷經了十
次的設計與調整，越短的路程，隧道越
長施工難度越高；容易施工的路徑，又
得繞台灣南端很大一圈，增加旅途時
間。最後這條從屏東枋寮到台東的路
線，一直到民國六十八年才確定，交通
部立即成立南工處測量隊展開工作，雖
然已經用了數十年的時間和人力評量施
工難度和旅運承載考量，但這段鐵道在
施工時期仍然被工程人員戲稱是最「難
回」的工作。

在沒有公路系統支援，沒有地質地形探
勘資料的基礎，一切都得靠本土工程師

自己走出來、畫出來，隧道開通在當年甚至也只能用 TNT 黃色炸藥破壞炸山，逐步炸出一條通路，所以從建設之初，種種考驗都是前所未有的難。甚至在其間還發生了工程人員集體被檢舉圖利廠商而鬧上法院，雖然經過調查，最後判決工程師們都無罪，是因為工程困難而必須變更設計，但士氣也大受打擊。

南迴鐵路興建期間，共有二十一位工程人員罹難……多因隧道相關工程事故。

南迴全線變化大，尤其搭乘火車從屏東枋山到大武間，幾乎都是隧道和高架橋，幾無平地。至今三十年過去，我們拍攝期間沿著枋山溪走，為了跟上鐵道的路線，有許多地段甚至還要穿越芒果園，走進溪邊便道，橫過西瓜田……

鐵道完成後，南迴線雖然是搭乘人數最少的路線，但若少了它，台灣環島鐵路系統也不完整了，島嶼南方的東西向移動和國防動線也會受到很大的限制。因

此夾在中央山脈、大武山，和太平洋、台灣海峽之間的南迴鐵路，坐擁著最美麗壯闊的鐵道景色下，也肩負了不可或缺的交通運輸價值。

我會稱這條鐵路是寂寞鐵道，一方面是在平日時段，南迴火車上的乘客真的不多，沒有西部的擁擠煩躁，也不像北花線多觀光客的喧鬧，南迴總是特別安靜。另一方面則是這段隱藏的鐵道開拓史太艱辛坎坷，在我過去對台灣故事的認識裡，彷彿從來不存在，就連一開始對南迴鐵路產生好奇時，也沒想到這裡會藏有那麼多被遺忘的故事。

故事的線頭在我們的尋覓旅程裡，就像是線索卡一般，不時露出，帶來驚喜和挑戰，也帶著我們走進這條寂寞鐵道的世界裡。

下頁圖：攝影／何駿毅。看火車的空拍攝影，最過癮的是看著列車劃過不同地景時，所帶來的時空穿梭感。

06

南迴電氣化前
應該要好好留下紀錄，
改變之後，
一切就只能徒留回憶了。

啟程！
出發 All Right

2017 年夏天，當我開始拿起攝影機記錄南迴故事時，正是這條路線進行鐵路電氣化工程的時候，這也是台灣鐵路環島系統最後一段還沒電氣化的鐵道。

鐵路電氣化，就是火車的行進依靠電力供給，不再是依賴煤炭、蒸汽和柴油，好處是汙染降低，速度加快，附帶條件是全線鐵道都必須架設電力系統。蒸汽火車是加了煤、水就能跑，柴電車是加了柴油就能跑，電車則需要外部電力設備支援，因此電車看似好，風險就是一旦電車線有狀況，就會導致列車當機，經常在新聞中看到西部幹線電車線掉落或障礙，列車就無法行進，大致就是這狀況。至於鐵道地景的變化，那則是一旦選擇了追求科技化和快速化後，必須妥協犧牲的。

在拍攝期間，曾經有人問我：「導演，你要拍這題材，是你不贊成鐵路電氣化嗎？」

「不會呀！我不反對，但我認為應該可

以在改變之前，留下紀錄和歷史。」

還記得當張統明大哥急切地跟我說，要拍南迴鐵路就要把握現在，因為電氣化工程會把原有許多的硬體設施改變，沿途鐵道也都會架設密集的電桿，原有的鐵道風景會不復存在。

「花東線電氣化時大家還不懂要記錄，這時候南迴電氣化應該要好好留下一點紀錄，改變之後，一切就只能徒留回憶了。」這樣的提醒，在當下的確是打動了我。

轉變、即將消逝，一直是我紀錄片創作時的關注焦點，南迴鐵道正處於蛻變的階段，沒有留下紀錄，就將失去了我們對它最後的記憶。

因為興建時間晚，再加上在地人也多純樸，因此它還保有最初始的鐵道地景，就連沿路的小火車站，都是南迴第一代的鐵道車站風格，但這一切都會因為電

氣化後逐漸改變。若以台灣島北部為首的發展思維，地處最南端的南迴線彷彿是在最偏遠的角落，再加上沿線的聚落少，人口少，資源少，老舊火車多，也缺少宣傳話題，幾乎常被邊緣化和忽略。尤其當我開始多方接觸尋找紀錄片的贊助資源時，更可以明顯感受到大眾對南方故事熱度上的差異，但不管他人怎麼看待，它始終保持著一種隱隱存在的姿態，不與他人崢嶸頭角，也不多語。

在鐵道攝影朋友的協助帶路之下，我開始為之著迷，許多拍攝的地點和路徑，都極難抵達，甚至是沒有訊號的山區，連空拍機的控制都會遇到障礙。但這樣的荒涼與未開發的山海大景，反而讓我每一趟的拍攝過程，彷彿都是一趟難得遠離塵囂的沉澱之旅，就連坐上乘客寥寥的藍皮列車，都有遺世獨立之感。

南迴從屏東枋寮開始，在右側台灣海峽的海風伴隨下，沿路多魚塭、蓮霧園，進到枋山左拐個彎，則是滿山的愛文芒

果樹，芒果樹開花時間滿滿的豆沙色花海，空氣中也會夾雜著濃郁的花香味，然後迎來連續一明一暗的隧道和開闊山景，在群山間穿梭前進，穿越了中央山脈南段的中央隧道後，則是看見更開朗藍色的天空和太平洋，湛藍色的層次在南迴線上，有著彷如色票上豐富的層次。進到台東，在大武左轉上行，便能見到這片藍色的大美，以日出海景著名的太麻里，和以溫泉著名的金崙、知本，而鐵道兩側也不再是蓮霧芒果，而是換上了釋迦樹……

在我這串簡單的描述裡，看見的不是都市繁華，而是樸實無華的台灣島南方特有地景，一趟南迴盡入眼簾。

當時的寂寞感不知是這裡的環境使然，還是自己一直以來奔波不定的心想休息了，曾有幾次我觀察自己，就算不開攝影機，就這麼坐在火車上來去，竟然也有身處驛站的安歇感，工作人員曾笑說，導演肯定命帶驛馬星吧！

劉克襄曾經形容南迴線上的藍皮列車是
解憂列車，而我來回無數次，憂沒解，
但是慢速的搖搖晃晃，倒是每次都讓我
能自在的獨處，窗外飄進的風，有山
味、海味、煤油味、還有轟隆隆的車
聲，是一點都不無聊的。

07

火車穿越的
不只是行政地圖的距離,
也是串連起我們的生活、
文化與記憶的時空膠囊。

潛　微　在
行　光　黑
　　下　夜

台灣不大，環島鐵路系統完成後，二十四小時內搭火車繞台灣一圈並不難。

還記得年輕時的夜班車，南部的年輕人往返台北，最常搭乘這種跨夜慢車，彷彿就是為了給盤纏不夠又想省時間的遊子方便，深夜凌晨上車，天微亮時下車。沿途景色，除了城市中的路燈微光外，就只剩下窗外無盡的黑，和車廂內的昏黃。夜車內昏睡的人，多是學生，軍人和辛苦人，那是一個沒有智慧型手機可以上網瞎逛的年代，睡眠幾乎是唯一的選擇。

對我來說，火車穿越的不只是行政地圖的距離，也是串連起我們的生活、文化與記憶的時空膠囊。黑夜時分，對拍攝鐵道記錄是很重要的場景。

雖然常搭火車，但身為乘客時，接觸到的鐵道員多是與票務有關的人，售票員、驗票人、列車長、車上服務人員等，至於是誰開火車？修鐵道？火車壞了誰修理？彷彿都不存在我的記憶中。

跟著電力維修人員在夜裡工作，是前所未有的經驗，也是我生平第一次摸到高壓電線（當然是已經斷電的情況）。

早期的田野調查和前幾次的拍攝工作，我幾乎把鐵路局運務、工務、機務、電力的工作現場都跟了一遍，其中工務和電力人員的鐵道維護工作幾乎都是晝伏夜出，因此去理解夜行客們的任務，也是我的功課。（當時是老老實實的跟著他們上大夜班呀）

當我開始接觸更多鐵道員的故事後，才知道許多前線鐵道工作是從晚上最後一班載客列車通過後才開始，然後必須在清晨第一班火車通過之前，把安全的鐵道交出來。不能有時間差，不能耍賴拖累。

所以我慢慢可以理解第一次和張統明大哥講話時，他的目標清楚和快速完成的性格真是工作上訓練出來的。

深夜的鐵道風景，和白天截然不同，也很像人體的修復細胞，得要在休息時刻，趕快幫主人做好保養。

這張照片是 2017 年 8 月，我在深夜的
台東站外看著兩台怪手和一群工務人員
整整花了半小時完成一節三十公尺鐵軌
的拖移。當時我跪坐在碎石堆上，看呆
了！左右邊兩台怪手熟練地在工作人員
的指揮下，切換新舊軌道，鐵軌的重量
我無法想像，但看著怪手必須吃力的彎
腰、傾斜才能拉動一節軌道，彷彿也凝
視著一幕電影鏡頭的完成，遲遲不想關
機。

08

南迴線上多是老火車頭，
車窗、車廂、司機員的操作台
滿滿地都是歲月的痕跡。

追上火車

拍攝鐵道故事，和過去拍攝定點的人物故事不同，火車是移動的立體空間，路徑有時比公路更直更快速。為了追火車，我們經常得同時出動多台攝影機才能捕捉到連續的列車行徑，尤其是知道藍皮列車即將停駛時，為了留下更多畫面，那真是動員了很多人力才能完成紀錄工作，經常一組攝影人力守在小站一個小時，只為了拍到十多秒的畫面，之後又得再等下一班列車回到台東或枋寮。

我更多時候是自己帶著攝影機在火車頭跟著司機員執勤，南迴線上多是老火車頭，隨便上一輛機車頭，它的年紀都比我還大，車窗、車廂、司機員的操作台滿滿地都是歲月的痕跡，有時拍照起來的好看，是因為殘破與老舊所推疊出的層次。

擠在極度狹窄的空間裡拍攝是很大的考驗，攝影機得要越換越小，否則連轉身都難，最後我換了相機，甚至去買了最新型的 iphone 手機做為輔助，才能逐

步完成拍攝工作。行進過程中，也是體力的測試，為了拍司機員，我只能從上車一路站到火車抵達終點站入庫，才能跟著下車休息。有一回拍攝貨物列車，遇到號誌故障，在火車頭站了七、八個小時才抵達目的地，都是我很難忘的經驗。但體力的試煉慢慢習慣就好，精神力的專注才是更大的壓力，台灣的鐵路多是開放型鐵道，我自己站在火車駕駛身後，才知道那有多緊張。火車一列很長很重，要煞住停車不容易，八百公尺的煞車距離，我都不確定自己能否看到八百公尺遠的地方，更何況還有彎道。

所以認識司機員後，他們一聽我要拍紀錄片，有兩三個人不約而同竟然希望我有機會幫他們平反一下，「可不可以請媒體以後不要報導說火車撞死人，火車又撞人了……好像我們是兇手，其實火車只能在軌道上走，不會跑出去撞人，是有人入侵軌道。我們壓力也很大，通常看到就煞不住了。事後很痛苦耶！還要承受外界異樣的眼光，真的幫我們平反啦！……」

沒有在火車頭上經歷行進過程，真的難
體會這種心情。在花東線和南迴線入侵
鐵道的經常還有野生動物，甚至飼養的
牛，當然更有無可預知的土石流……這
讓我更佩服火車司機員所需承擔的精神
壓力和守護乘客安全的責任感。

越是深入，我也開始察覺，原本是想以
鐵道員的視角來認識南迴鐵路，慢慢地
發現南迴鐵路似乎也在引領我進入前線
鐵道員的世界了。

拍火車的過程，身體是疲勞
的，但心情一直是愉快的，
不斷地來回行進，也帶來一
種出脫的抽離感。

09

在我的觀點上，
台灣的鐵道文化是
台灣人集體的生活軌跡和
情感所堆積而來。

南迴鐵道員

片名，對我來說一直是個難題。最早我曾經想用童謠裡「火車快飛」的這句話來引起大家的童年記憶和共鳴，但好像又太中性，缺乏觀點。

後來隨著拍攝過程，認識的鐵道員越來越多，如雨後春筍湧出的故事也越來越多，我便以「南迴鐵道員」作為方向，申請了國家文藝基金會的補助，得到第一桶金。

這已經是我拍攝邁入第三年的事了，前期拍攝真的是以獨立製片的克難形式進行，尋找資金不易，得到的回答多是題材太冷門。最後要靠朋友們的協助，還有榨乾自己的存款，才能撐下來，每次聽到有人說，「這應該是台鐵自己要做的片子，你幹嘛幫他們？」

一開始我會認真回答，後來累了就苦笑而不答。我不是幫台鐵，也沒有拿台鐵的資金和委託，我想拍的是發生在台灣的故事，台鐵在拍攝期唯一讓我感謝的是：同意我拍攝。

台鐵近年來發生的事故和經營上的虧
損，導致社會上有些人是帶著敵意面對
鐵道相關題材，這是另一個議題，要談
就要拉出另一條歷史脈絡，並思考政府
政策下的犧牲，而非將怒氣遷就到所有
鐵道相關的人事物。

在我的觀點上，台灣的鐵道文化是
台灣人集體的生活軌跡和情感所堆
積而來，不僅是火車硬體、型號的
追逐，也不單是台鐵這單位當代表
而已。

想以《南迴鐵道員》當片名，方向上坦白說也是受到日本電影《鐵道員》的影響，高倉健飾演的那位資深鐵道員，佇立在月台的孤單身影，尤其是在茫茫大雪中，一輛蒸汽火車緩緩駛來，實在是太讓人難忘了。日本鐵道員故事中所鋪陳的點滴心情和故事線，說真的在我拍攝南迴故事期間，我常常和工作人員分享，「太像了……原來是一樣的呀……」

台灣的鐵道建設基礎和鐵道員的管理，多在日治時期打下基礎，就連司機員的呼喚應答中，我剛開始一直聽不懂的「All Right」這字眼，也是因為大家喊出來音調總是有一股濃濃的日式英文腔，後來懂了，才會覺得奇怪。常常我跟了幾天司機員的拍攝下來，還得花上一段時間才能把這聲音從腦海中移開。

在電影《鐵道員》中，高倉健守護火車、守護車站的鐵道職人精神令人動容，但他因此忽略家人妻女的愧疚，也讓人不勝唏噓。這心情、這故事在我接

觸的台灣鐵道員生命故事裡，也不斷出現，甚至是家屬的心情，也是一模一樣，這讓我剛開始聽到時，十分驚訝「怎麼和電影裡一樣！」我心裡嘀咕著。

有一次和張統明大哥坐在樹下休息時，他跟我說：「妳知道我退休後要做的第一件事是什麼嗎？就是帶我老婆去坐郵輪旅行！」我對他突然開啟這話題感到驚訝。

「我從來沒有帶她去旅行過，以前鐵路一天做二十四小時，然後休一天還是要待命，現在雖然有勞基法，但還是不能休長假，不只是颱風期間，就連大假期，也是要隨時注意，花東線旅客越多的時候我們壓力越大……南迴線也很危險，什麼時候有狀況掉一顆石頭下來，你不知道呀！」

那是個大熱天的午後小憩時光，只有我和他，沒有其他工作人員，我靜靜的聽他說著自己的心事……

拍攝南迴故事，接觸的大都是很樸實的
花蓮、台東、屏東的鐵道人，他們很單
純也很認人，剛開始接觸都像面牆，成
為朋友後，他們總是熱情不藏私的和我
分享故事，那份人情味和信任，是很珍
貴的。

10

當大家同在一起時，
就像點點螢光匯聚，
應該可以溫暖
這條寂寞的鐵道呀！

一個人的孤單
一群人的不寂寞

台東人的純樸和熱情，讓我的鐵道故事開始長大，他們還會熱心地幫我介紹朋友。關於南迴線的線索從鐵道員開始向外延伸，最後我們不只是拍攝到了維護鐵道的人，開火車的人，還找到了興建南迴鐵路的人，甚至是家裡土地被徵收的人，和追火車的南迴鐵道迷……

此時原來的片名已經難以涵蓋這部紀錄片的主題，於是我又開始煩惱……幾經掙扎後，《南方，寂寞鐵道》成了最終的片名，英文片名則是《On The Train》。

《南方，寂寞鐵道》是取自我拍攝時候的感受，這條鐵路一直瀰漫著一股很特別的淡淡感傷，是美麗的孤獨，而非憂愁。

這鐵道沿線上的居民和在其中穿梭工作的鐵道員，都有著難得的樸實情懷，這樣的人情味在都市化的大城市裡已經少見。

五年多的拍攝期下來，我常想這條鐵道上的故事是那麼美那麼特別，而乘客和政客們卻多是著眼於追逐著短暫的觀光效益，和快速省時的交通時間，是否遺落掉了一些珍貴美好的東西呢？

「一個人的孤單，一群人的不寂寞。」是我在回應海報設計師需要一句導演的心裡話時，浮現出來的。一個人獨處的火車時光，一段歷史被遺忘的失落，一群不被瞭解的鐵道員，當大家同在一起時，就像點點螢光匯聚，應該可以溫暖這條寂寞的鐵道呀！

尤其時當南迴電氣化通車前夕，藍皮普快車停駛前一個月，整條南迴線湧進了好多人來追火車、搭火車，不只年輕人，還有很多攜老扶幼的一家人，他們都來跟記憶中的老火車告別，並且在火車上重新跟自己的青春相遇，那一刻我更清楚的回到了我最初想拍鐵道紀錄片的初心，這是台灣人的共同記憶。

下頁第二章章名頁圖。
攝影／何駿毅。

ON THE TRAIN

看見與看不見

11

搞軌事件過後，
對於當時受重傷的
火車司機員，
人們還有多少印象呢？

認
識
意
外
的
朋
友

想要拍攝鐵道故事時，其實我一開始並沒有把南迴搞軌案放入拍攝計畫中。

那是在 2004 到 2006 年間發生的一連串南迴火車事故，尤其以 2006 年 3 月 17 日台東開往高雄的 96 次莒光號在行經內獅車站與枋山車站間出軌，導致柴電機車頭和四節車廂翻覆，一死二傷最為嚴重。當時這事件震驚全台，是意外還是謀殺？在台灣引起高度的關注和爭議……

但事件過後，對於當時受重傷的火車司機員，人們還有多少印象呢？

拍攝初期，我對火車司機員的工作十分好奇，一時間卻不知該如何接觸，一次與台東工務段的副段長張統明泡茶聊天時，我談到我想認識司機員的想法，他毫不猶豫就說，如果要找司機員問他就對了，因為他的親戚就是當年南迴搞軌案受重傷的司機員吳奇泰。我聽到這訊息，當下只能說是驚訝！「真的！你能帶我去找他嗎？」

初見吳奇泰時，當時他是台東機務分段的主任，負責司機員的排班和調度。斯文有禮是我對他的第一印象，他非常友善，見到我們就二話不說就起身磨咖啡豆子、煮咖啡，我當時很不好意思，趕緊說：不用麻煩……

但吳奇泰卻微笑著說，「不麻煩！也是運動。」

後來我才知道，原來他每次堅持用手搖磨豆機，怎麼都不讓我們幫忙，是因為他在那次火車事故受傷後，經歷過大大小小手術，全身多處骨折和植皮，長時間的治療和復健之路，讓他已經習慣了時時刻刻都要把握復健的機會。

和吳奇泰相處的過程，除非我主動問起，不然他絕口不提南迴翻車的意外事故，也從無任何抱怨哀嘆，這點讓我深感好奇，甚至一度覺得有違人之常情，也讓我更不輕易造次的在他面前提起火車意外事件。

沉默與平靜背後，我很難想像他心中有多大的傷痕？於是我一直等著，等著他更相信我的時候，我們再談。

轟動全台「南迴搞軌案」

民國 95 年 3 月 17 日莒光號 96 車次，在南迴鐵路枋寮站處附近鐵路破壞事件，引發台鐵列車嚴重出軌，造成多人受傷。其中，負責火車副駕駛司機員的吳奇泰，更一度面臨生命垂危。翻車意外，隨後牽扯出轟動一時，長達十五年懸案的李氏兄弟詐領保險金「南迴搞軌案」。

12

火車的前進移動，
一點都不是理所當然，
有個人，在前方，
帶著我們往下一站前進。

開火車的人

「怎麼形容開火車的工作？」我幾乎遇到司機員就會找機會問問這看似簡單的一題。

曾經，我在一趟從花蓮前往台北的夜間火車上，遇到了一次火車臥軌事件。還記得那時候我上車已經很疲累了，立刻就靠窗調整好自己的休息姿勢，但沒想到火車似乎走沒多久，我在半睡半醒間就聽到了火車連續鳴笛的聲音，急促又不尋常，然後就是緊急煞車，毫無防備的我在慣性作用下，身體也往前用力晃了一下。接下來整個車廂就開始劇烈搖晃，乘客發出此起彼落的驚嚇尖叫聲……直到火車停下來。

我也曾有那麼一瞬間想：是不是要翻車了？

火車停住之後，列車長剛好從我坐的第二車廂走道慌張的往車門跑過去，我也立刻站起來跟了過去，沒想到站在列車長身後，在車門一開啟的剎那，迎面而

來的竟是一陣濃濃的焦味，肉身的焦味
……(後續就不用再描述了)

那次的意外，大家都受到驚嚇。我們停
車的地方不是在車站，而是過了花蓮新
城後的一段鐵軌上，夜色黑得濃郁，讓
警察和檢調人員的手電筒燈光顯得格外
刺眼明亮。光束不時映照出的都是鐵軌
兩旁的雜樹灌木，此時的綠葉植物在強
光下，沒有生機，反倒凸顯出令人不安
的綠光。乘客們安靜的在車上等待，沒
有人喧鬧抱怨。

兩個多小時後，火車再度啟動出發……
後續北上這段旅程，我一點睡意都沒有
了，而且還經歷了目前為止唯一一次搭
火車暈車的經驗。因為原本開得很平順
的火車，從事故現場再出發時，一路上
我可以清楚地察覺到司機員一直踩煞
車，彷彿新手開車時的緊張和不安，因
此火車坐起來一點都不舒服。

同時我彷彿也可以感受到司機員的恐
慌，車窗外是一片黑暗，樹影、山邊、

隧道、還有夜裡更深無邊際的黑色大海，司機員必須兀自地面對眼前的恐懼，他是誰？需要有人到火車頭陪他坐著嗎？

這段旅程，是我第一次深深的意識到「開火車的人」的存在，火車的前進移動，一點都不是理所當然，有個人，在前方，帶著我們往下一站前進。

隔天報紙上有這則新聞，花蓮發生臥軌事件，死者是一名原住民，根據司機員向檢察官描述，該人在看到火車靠近時，還抬頭看了火車頭一眼才躺下，司機員完全沒辦法停住車子……

迷人的

3671

3672

13

慢速的、搖晃的南迴路上……
我一邊感受它的氣味,
一邊想著怎麼拍它的故事?

火車，越靠近它，越是迷人！

尤其在車庫裡，身邊都是各式的車廂、機車頭，仿若走進巨人國的玩具箱，我不是熟悉各種車款的鐵道迷，第一時間只能從直視的感受和車上的細節去欣賞它們。

尤其在台東機務段，執勤花東段和南迴路線，都是老車頭老車廂居多，車體上、車廂內多是歲月修補痕跡和鑲坎在座椅上揮之不去的老味道，對我來說都是故事。這和拍片時看到老人的皺紋時，自然會想讀出歲月背後隱藏了多少祕密一樣，反倒那些過度施打肉毒桿菌和壓粉遮掩的光滑臉龐顯得無趣。

有好多次在搭乘火車來來回回的路上，或在小車站月台上的等待時刻裡，我都會忍不住想，是誰曾經坐在這張椅子上？他是什麼樣的心情？要去哪裡？是誰曾經在這月台上日復一日的等待火車通過？

左上圖：攝影／何駿毅。

尤其是早期搭乘藍皮普快車時，平常日乘客特別少，3671 車次是一早從枋寮開往台東，3672 是下午從台東開往枋寮。枋寮到台東的車上，人多些，但經常是一到金崙站乘客就下光了，很明白的都是去金崙泡溫泉的人；到了下午3672 車次從台東出發時，回到枋寮已經幾乎天黑，幾乎都沒幾個人搭乘，不只是窗外沒風景了，在天色漸暗的老車廂內，感傷和寂寞的感覺也特別濃。經常我和拍攝團隊就包了一個車廂，偶爾上來一兩個乘客，就這樣。

慢速的、搖晃的南迴路上……我一邊感受它的氣味，一邊想著怎麼拍它的故事？

火車有一種無形的魅力，為它癡迷的人全球各地都有，不分年齡和族群，光是看它通過，彷彿就能得到一種安慰。

右頁圖：攝影／何駿毅。

紀錄片還沒完成，我曾經先想像出六個
關於在南迴線老火車上的短篇故事，關
於等待、錯過、再相遇⋯⋯的愛情故
事，都好適合在這條鐵道上發生，線索
可以藏在火車的綠色椅背後、車廂間的
通道牆面角落、一扇打不開的窗戶下、
還有廢棄月台的座椅上⋯⋯

這是我的職業病，在這條鐵道上還真能

火車一直是小說、電影裡，
很具有故事性的空間場景，
既密閉又具有強大的移動
性，和外部環境的連結與對
話，又那麼迷人。

攝影／何駿毅。

釀出不少想像的故事，我甚至想等我拍
片拍不動了，就來寫小說。這是南迴線
的魅力，在大山大海間烘托下的老、
舊、慢，竟然讓人特別平靜清澈。

越來越明確，這條鐵道上一定蘊藏了不
少生命能量，我甚至可以感覺到故事蠢
蠢欲動。於是有天，我跟吳奇泰主任
說，可以申請讓我上火車頭嗎？

認識第一組
司機員師徒

14

故事，
像鐵軌一樣延伸展開，
催促著我只能前行。

至今，我有時還會很困惑，是我找上南迴故事？還是這條鐵道刻意留住了我？

我仍記得，當我跟台鐵申請要拍攝南迴鐵道員的故事時，聽到的人都覺得很驚訝，我猜可能是因為太遠了，以至於讓他們覺得很難理解，若一般人想拍鐵道故事或前線鐵道員，大可在北部就能拍到，或彰化也有不錯的題材，跑到台東而且還要繞到屏東……在沒有任何資源和委託單位的情況下，的確是很難讓人理解我的動機。

不只台鐵懷疑我的動機，甚至連向文化單位申請拍攝補助時，也有人懷疑是不是台鐵委託我拍宣傳？不然為何要跑那麼遠拍鐵道故事。

很難說明，我從年輕時搭火車北上念書，工作、離家、回家都是搭火車，幾十年的時間裡，在火車上已經不只是移動，火車也不只是工具，上車與下車，某些時候甚至成

了一種儀式，或開關，切換空間與時間，也連結了自己與世界⋯⋯

回到南迴線上。

吳奇泰帶我上了柴電機車頭，那是一對年輕的師徒司機員在執勤，我難掩興奮，卻又有點失望。興奮的是我第一次進到火車頭，忍不住四處張望車頭內的每一個物件和機械裝置，失望的是——真的好老舊呀，空間也好狹小⋯⋯連車窗上的隔熱貼都已經斑剝，車廂內還有立可白寫上的編號和訊息⋯⋯真的讓我印象深刻。

一路上，司機員師徒都精神抖擻的每隔一段距離就會呼喚應答，並且打直伸出右手指向前方，一開始我完全聽不懂他們在喊些什麼，後來才知道是「閉塞 All Right！」、「進站注意！」⋯⋯等等。之後每次在機車頭記錄一趟下來，我到晚上躺下來睡覺時，腦海中都還會浮現「閉塞 All Right！」的聲音，非常洗腦。

第一次在機車頭的體驗和試拍，雖然拍攝不太成功（車頭晃動太厲害、空間太小腳架也無用武之地），但幸運的是讓我認識了黃彥筌和黃鈺清師徒。結束了列車的執勤工作後，我邀他們一起喝茶聊聊，意想不到的是……哇！故事來了。

彥筌是花蓮人，他一家三代都是鐵道工作，外公在日治時期就是車站站務員，爸爸也是在瑞穗站服務，而他是司機員，小時候的他很嚮往阿公的工作，爸爸也會帶他看火車，讓他感到異常興奮，一心想著當司機開火車就可以帶著乘客到處去玩，還可以看四季風景變化，多好的差事呀！結果被阿公當頭棒喝：「司機員有很大的責任，不是給你看風景的。」現在彥筌自己當上司機員，終於可以體會到阿公的耳提面命。

「開火車的壓力真的很大！我現在胃痛、失眠都來了……」

鈺清是高雄人，他從小住在鐵道邊，童
年記憶中最深刻的就是阿嬤會帶著他去
看火車，等到自己長大後，他也開始帶
著相機去追火車，成為名符其實的鐵道
迷，而他最大的願望就是當上火車司機
員，為此他連考了三次才成功，這是讓
他非常珍惜的工作。

「第一次上車的時候很興奮，因為從車
外拍火車和在司機位置上是不一樣的視
角，對我來說是圓夢，所以一直很努力
告訴自己一定要考試通過！」

故事，像鐵軌一樣延伸展開，催促著我
只能前行。原來對我來說像謎一樣的火
車司機員，逐漸地成為我的紀錄對象。

15

黃爸爸在瑞穗站
已經服務了 41 年，
對他來說火車站是
一個比家佔據了
更多時間和生命的地方。

父親的帽子

三代都是鐵道員的家庭，讓我很想更進一步認識，於是彥筌邀我在中秋節前到他瑞穗的家走走，也可以見識一下柚農把採收下來的柚子送到火車站的盛況。

真是大開眼界，整個瑞穗小鎮在柚子採收期間，真的是家家戶戶都堆滿了柚子，彥筌的父親雖然剛從瑞穗站退休了，但在這個特殊時節還是會到車站幫忙。柚農把柚子一箱箱送到月台，站務員再幫忙把柚子搬到貨運車廂上，我形容得輕鬆，但卻是很吃力的重量，這時候彥筌只要沒開火車的日子也會回到家裡幫忙，不需特別安排，已經是每年在瑞穗生活的重頭戲，一定要配合的行程。

在月台等待下一輛火車進站時，我和他們父子聊了很多，黃爸爸在瑞穗站已經服務了四十一年，對他來說火車站是一個比家佔據了更多時間和生命的地方。早年台鐵做一休一，一次值班要二十四小時，隔天回到家幾乎累癱了，更不要說小站裡只要一有狀況，絕對要隨時支

援，沒得商量。

我問彥筌，父親這樣的生活和工作，沒讓他退卻嗎？怎麼還想進到鐵路局工作？(跟我問張統明大哥的問題一樣)

沒想到彥筌竟然一派輕鬆地回答：「當司機員穿制服戴盤帽很帥呀！小時候到車站幫爸爸的時候，在車站看到火車進站，我都覺得當司機員好威風！」

我忍不住笑了，這也算是男孩的英雄崇拜嗎？他靦腆點頭。

「蕭導你知道開火車讓我覺得最感動的時刻是什麼？就是開著火車經過自己的故鄉，然後還看見自己的爸爸在月台跟我揮手，那一刻我都超級感動！」一旁的黃爸爸聽得微微點頭，他沒有多說話，但眼裡盡是認同。

這是屬於男人的時刻吧！我想。

彥筌還把父親退休後的盤帽改成自己的
司機員帽子，讓出勤時感受到父親在他
身邊。

「彥筌，我想跟你媽媽見面好嗎？她的
爸爸、先生、兒子都是鐵道員，應該有
跟你們不一樣的心情吧！」父子倆突然
露出一臉尷尬。

16

鐵道員
身邊的
女人

身為鐵道員身邊的女人，
完全不是浪漫和輕鬆的事。

黃媽媽一看見我們就一直閃躲，嘟噥著「沒什麼好說啦！火車的事妳拍他們就好。」

紀錄片的拍攝訓練和寫劇本的過程，都在在提醒我們田野調查的功夫是絕對不能省略的，接觸的人越多，越知道傾聽的重要。每個人的生命功課和辛苦都有他獨一無二的難題，覺得一切都是理所當然，或是太快被說服都是陷阱。

面對黃媽媽，我只看見她在閃躲中，心裡累積了不少壓抑和怨氣。

「可是我覺得妳也很辛苦！爸爸、先生、兒子都在鐵路局工作，平常要一個人承擔家裡的大大小小事，這種心情一定是我們很難體會吧！讓我們有機會瞭解好不好？」

身為鐵道員身邊的女人，完全不是浪漫和輕鬆的事，聽了黃媽媽細數小時候等

待爸爸回家，結婚後期待丈夫回家，到現在每天為兒子祈禱，她心裡積壓了說不出的委屈。

尤其自己生孩子時還得要自己出門，生完隔天自己騎車回家，更不要說帶孩子的工作完全一手包辦。而且在先生退休前，她從來沒有出遠門玩過，因為先生的責任是守在小車站，所以每隔一天都要值班，然後逢年過節，先生還會成全住得遠的同事讓他們回家，自己住得近就負責值班。這樣的好人、好同事、好站員，對妻子而言就成了莫大的寂寞和辛酸……然後當她聽到兒子要當火車司機員，這是鐵道工作中最危險的職務，她更有說不出的壓力！

聽黃媽媽說心事的那一晚，她旁邊的兩個男人大多時候都一臉尷尬和無言，讓妻子和母親盡情舒壓發洩。

離開他們家時，彥荃最後苦笑對我說了一句：「我老婆以後應該也會一樣辛苦吧！」

黃彥筌和他的父母。女性
家屬的角色在鐵道員世界
裡，也成為一種具有特殊
集體性的處境，孤單寂寞
都要自己扛。

17

想拍火車嗎？
我可以帶
你們去

每次開火車的時候
看到一些特別的景色，
就會想要從哪個角度，
爬到哪個位置拍最好？

在台東的拍攝期間，我常去機務段的大辦公室喝咖啡，有空檔就聽他們說著鐵道工作不為人知的挑戰，他們在忙的時候，我們就安靜的觀察和紀錄司機員的工作。

有一次，我拿出了整份台東地圖問吳奇泰，哪個地點可以把南迴鐵路上的大山大海景色捕捉下來？吳奇泰一時也答不出來，「我們都是在火車駕駛位置上看窗外，要從高處看火車要找鐵道攝影才知道哪裡拍的點比較好……」

「那你有拍攝南迴的鐵道攝影師可以介紹讓我們認識嗎？」吳奇泰想了想，突然望向前方一位剛下班走進辦公室的司機員。

「你們想到南迴拍火車嗎？我可以帶你們去！」這位司機大哥不知已經在後方聽我們對話多久了，應該也快忍不住了吧！

他是何振宏，也是資深的火車司機員。不管大家喊他阿宏伯還是何叔叔，都凸

左上圖：何振宏為我們聯絡火車攝影師。

顯他熱心的個性。何振宏熱愛攝影，我
問他是鐵道迷嗎？他笑說，我是攝影
迷，剛好也喜歡拍火車，每次開火車的
時候看到一些特別的景色，就會想要從
哪個角度，爬到哪個位置拍最好？

兩週後，我跟著何振宏，踏出了生平第
一次的鐵迷行程。出發前他問我們：
「你們有開山刀嗎？」
「你們的車有四輪傳動嗎？」
「需要爬一些地方有沒有問題？」
⋯⋯沒問題！我們可以。這是我慣常地
回答，然後再來想辦法克服。

第一次跟著鐵道攝影去拍火車，真是難
忘的初體驗。他在車上一路跟我們分享
他的攝影裝備，這支腳架是某次攝影比
賽獎金買的，這個鏡頭又是另一次得獎
的錢買的，我完全可以體會到攝影對他
的重要性，生活應該就是被火車和攝影
佔滿的男人。

到達第一個點，是在山上的部落裡，我
心想：還好嘛沒那麼可怕。沒想到考驗
才要來，原來那只是停車點，拍攝點在

只要成為迷戀，就沒有理性
可言，拍火車也是這樣，就
為了那一剎那的交會，可以
不顧一切。

上圖：何振宏。
中圖：何駿逸（左）和何振
宏（右）。
下圖：何振宏。

這五年間，我彷彿也搖身成
為鐵道火車的追逐者，跟著
這些鐵道迷趕路、等待、分
享，其實也滿過癮的。

山上。我們帶著全部裝備跟著他走，原本設想的鏡頭是拍他背著相機，拿著開山刀找路。但實際上完全不行，他速度和腳程之快，我們完全無法兼顧攝影機和眼前、腳下的雜草枯枝，又得一邊往上爬。

「何大哥，可以慢一點嗎？」
「不行！錯過這班火車，又要再等一個多小時，陽光就不好了。」是！我們只好放下手上的攝影機，死命地跟上。抵達定點後，果真看到山海間的鐵道大景。才架好攝影機，不一會兒火車就從山洞冒出來，經過高架橋，然後隱入遠方樹叢山林間……前後大約十秒，我聽到何振宏的相機嚓擦喀嚓聲響不絕。
「你們拍到了嗎？」何振宏放開他的相機，轉頭一臉滿意地看著我們。我和攝影師面面相覷，「有拍到！但火車好快喔……」

在接下來兩三趟的拍攝行程中，何振宏還帶我們爬了高架橋墩、爬墓園、爬垃圾山……這裡頭有很多是他自己開發的拍攝點。有些地方上坡還能拉繩索或樹

枝，下坡時我只覺得自己像顆笨石頭，用滑的可能更快些。經歷了這些追火車的拍攝洗禮後，我開始對這些迷哥迷姐們感到由衷佩服，就為了一顆火車的剎那鏡頭，他們花費的力氣與精神是超過想像的。但幾次拍攝下來，我能用的畫面其實很有限，所以我也必須找機會跟何大哥好好聊一聊，關於動態攝影面臨到的拍攝問題，希望他能理解幫我的忙。

平面照片，只取一格／一張／剎那，但拍紀錄片是以動態攝影紀錄，所以我更需要的畫面除了有空間和主題之外，我還需要有「時間」和「過程」。我試著跟他解釋，能不能找到鐵道長度長一點或範圍大一些的景，因為他們取照片，經常一個過彎，一個出山洞的瞬間美景就足夠，但那些點對我來說，有的迎面而來的火車頭太大，有的只有五、六秒就出畫面了，實在短了些……還有些地方適合拍直的比例，但我還是需要橫寬幅的畫面……

「原來是這樣，妳早說嘛！我找給妳。」

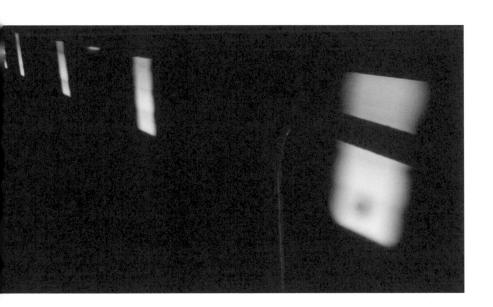

18

司機員的生死關

在吳奇泰那列莒光號嚴重翻車之前，
南迴線上就已經發生了好幾起
原因不明的小事故，
有些被放了石頭、鐵塊，
有的被剪斷了……

拍火車，需要很多「等待」的時間，不只等火車，也等陽光、等雲，等藍天，還等湛藍的海，眾元素都聚集，就叫運氣好。有時在山上，雲間一道光灑下來真美，就是沒有火車經過，當然也就只能拍拍空景。

有些時候，山裡頭突然變天，刮起風來，我們一群人在狹窄的橋墩、或隧道頂上、或山坡邊，越等越冷，偏偏火車還沒來，還要繼續等……不然就白費了這一趟路。

等待的時間裡，當然也是說話的好時間。透過何振宏的描述，慢慢的我才知道南迴出軌案更具體一點的樣貌。

在吳奇泰那列莒光號嚴重翻車之前，南迴線上就已經發生了好幾起原因不明的小事故，有些被放了石頭、鐵塊，有的被剪斷了……，那陣子司機員們開車心裡都發毛，卻一直找不到是誰惡意放

置，後來就發生了最大的出軌案。

那天吳奇泰是坐在右側助理司機員位置，主要開車的司機員是陳東和，何振宏說出軌時陳東和被摔出車外，吳奇泰被夾在車體內，和火車頭一起翻落山坡。後來救難人員發現他時，他已經重傷昏迷，胸前抱著自己的黑色司機員包包，而窗外正好插進了一根手臂粗的芒果樹幹，直挺挺的插在黑色包包上。也就是說若吳奇泰當時沒有拿黑色工作包保護自己，那根芒果樹幹就會直接刺向他的胸膛了。

「發生那種事，我們機班大家氣氛都很不好，我老婆還叫我不要開火車了！」

「你們會討論嗎？」

「不太會，其實司機員不喜歡談火車事故，沒有人想遇到，一般的死傷事故遇到一次，有的司機員就放棄這份工作了，因為心理壓力太大！雖然不是我們去撞人家，但是只要你在鐵軌上，我們

煞車煞不住就會撞上，還要被偵訊被報導，其實大家都不了解那種煞車煞不住撞到人，心裡有多痛苦！⋯⋯蕭導，妳要幫我們澄清啦，是人來撞火車，或是平交道沒有淨空，擋住鐵軌，真的不是火車去撞人，每次看到媒體說火車撞死人，心裡都很難過。」

好，我有機會一定幫你們說。

「其實⋯⋯我們主任（吳）真的很不容易，他真的是傷得很重，大手術好幾次，一般人可能都不敢再開火車了，他真的很堅強。」他現在不是擔任行政職嗎？還需要開火車嗎？我感到好奇。

「哪有那麼好命，遇到假日要開加班車，或是有人臨時請假，現在我們司機員不夠，主任還是要出班的。」

「我有機會拍到嗎？」

「如果有臨時排到他的班，我再通知妳。但是也要他願意⋯⋯」我知道。

19

吳奇泰答應得很勉強，
我可以感受到他的沉重，
不若他外表的淡然。

一定要拍嗎？

「一定要拍嗎？」

「如果可以……」

吳奇泰答應得很勉強，我可以感受到他的沉重，不若他外表的淡然。

那一趟的拍攝，我讓攝影師和助理在車廂補畫面，我自己帶了一台相機一台攝影機上機車頭。我們出發前，吳奇泰跟我說了一段往事。

在南迴出軌翻車案前一天，他第一次接受了媒體訪問，他說是有大攝影機那種，當時是為了幫朋友忙，而隔天出班開火車也是臨時有人跟他換班，然後意外就發生了。所以當他看我們拿攝影機進到機務段，他會想起那次拍攝後就出事了，所以他很不想被拍。

聽他說了這段故事，我倒吸了一口氣。原來我們的出現造成他那麼大的壓力，但我卻絲毫沒有察覺，只以為是意外創傷不想再談。那現在該怎麼辦？我該放下攝影機，還是幫他打破這個緊箍咒？

「那今天我可以跟你上車嗎？如果你真的有壓力，我可以不上去。」我心裡是真這麼想。

吳奇泰想了一下……「來了就拍吧！」

那天的南迴路上，我的心情都很特別，壓力自是不在話下。現在回想，我們特別沉默，特別謹慎，我小心翼翼地不讓拍攝工作干擾到他開車……一邊也緊盯著車窗外鐵道上的狀況，這時深切覺得，車窗怎麼這麼小，火車速度怎麼這麼快，若看到障礙物怎麼來得及停？……

當火車過了枋寮站，我才如釋重負。
「我們打破魔咒了！沒事，沒事，一切平安！」這話我心裡說了好幾遍，只有一次說出來給他聽，而他只是微笑著點點頭。

吳奇泰。很多時候，面
對我的拍攝對象，總是
會浮現一種熟悉感，好
像很久很久之前，曾經
是認識的夥伴。

20

迷人，
不是膚淺的風騷，
有些時候是
呼應著彼此心境的共鳴。

陸上擺渡人

有段時間，我很密集地跟拍司機員的工作，一拍再拍，拍到申請鐵路局拍攝許可的電報時，都被詢問：「你們上次不是都拍過了嗎？」

然後我就必須擠出一些不同的理由，或是為了車種，或是為了路線，或是為了人的故事……

甚至有一次，鐵路局還熱心的提出，「南迴全線我們都路拍過了，你可以用我們的畫面就行了。」為此，我特別上網去找出這些影像，一一細看，然後告訴他們：這些不夠的。因為鐵路局全線的畫面都是火車頭視角的畫面，就是把小攝影機綁在機車頭外，對著鐵軌方向不斷前行。那些雖然不適合放在我的片子裡，但事後想想若好好設計成一種三小時的慢電影，倒也是另類風情。

問自己為何著迷於拍攝司機員的工作和心境？表面理由是難得有這機會，像是從河岸第一排看風景般地觀看南迴鐵道的視角，更複雜一點的理由，我想了幾

次應該是：司機員的工作特質與鐵道的意象特別迷人。

迷人，不是膚淺的風騷，有些時候是呼應著彼此心境的共鳴。司機員帶著整列車前進，火車的巨大與負重完全不能對比計程車或公車之類，一個人或兩個人在狹窄的車頭，只能依循著號誌前進，尤其在單線軌道居多的花東、南迴線，你必須相信號誌，面對綠燈、紅燈，不能有一絲怠慢和晃神，一條軌道南來北往、東去西來，都要遵守調度的安排，不然會出大事。所以司機員腳下有一個警醒器踏板，每一分鐘都要踩一下，避免司機睡著，若逾時未踩就會有警報聲響起，第二次再沒反應，火車就會強制停車⋯⋯避免司機員有自身意外發生。開火車並不浪漫和悠閒。

還記得過去曾有朋友說開車很累，還要變化車道，注意哪邊轉彎等，不像開火車最輕鬆，不需要變換車道，反正跟著鐵軌直直走就好，當初聽了覺得這說法有趣。但是當我站在司機員後面，跟著

他們全程執勤時，才發現完全不是這回事，尤其南迴線坡度起伏大，彎道多，要掌控一輛這麼重的夥伴一點都不容易。

紀錄片拍攝期間，我跟拍了許多火車司機員上前線工作，日復一日，坐在不同的機車頭裡，卻隨時可能在開放式的鐵道上，面對突如其來的考驗，小到一隻鳥，大到一頭牛、一個人，甚至是平交道上違規的卡車，都是司機員難以承受的恐懼與壓力。

「對我來說開火車就像陸上的擺渡人，希望把乘客從甲地送到乙地，能平安順利！這就是我們的任務。」當我聽到吳奇泰是這麼形容自己的工作時，敬意油然而生。一個人承擔著車廂裡百人的生命，是司機員的重責大任，身為乘客的我，從沒想過在車頭引領著整台火車前進的司機員，其背影是如此負重而堅定。

21

看見與
看不見

換一種姿態，
換一種視角，
有時候就能看見
不一樣的東西，
不一樣的價值。

在很多現場，他人生命的故事現場，我
一直想要多看一些，看深一點，並非為
了藉此證明我的作者觀點，或展現身為
記錄者或創作者的存在與價值

**慢慢的，我開始察覺，更多的時候
我是想透過記錄拍攝來讓自己可以
走進去……進去不同的生命處境
裡。然後試圖有更多一點的「理
解」，對於那些我感到困惑和不明
白的人和事，試著理解那些人、那
些故事的緣由，和處境裡的艱難。
我一直想，那份能讓他們超越困難
的報償，甚至是幸福到底是什麼？**

他為何能如此堅持？
他為何能不放棄？
他為何能超越恐懼？
他為何能不害怕孤單？

那些困擾著我和許多人的難題，我帶著
攝影機和好奇，想要尋找答案。

這些我做不到，而他們卻如此努力奮鬥的堅持，就算是失敗或搞砸了，也能拍拍肩膀，掉幾滴眼淚再站起來，這讓我充滿敬意看著鏡頭前這些為了自己人生而奮戰的人。

人生很難，楊德昌導演在電影《一一》結尾時，讓小洋洋在婆婆靈前說的話，我聽了好感動！看電影當下甚至一時不能自己……

這應是導演內在的心聲吧。
「我要去告訴別人他們不知道的事情，給別人看他們看不到的東西，我想這樣一定天天都很好玩……」

「玩」，是孩子對世界的好奇，也是想探索世界的動機，也是楊導身為創作者的追尋與他所必須承擔的「難」吧！

下面這照片是在台鐵富岡機廠（台灣最大的火車維修廠），當時我鑽進了已被拆解的火車殼裡拍的。

那一刹那，我彷彿也身在隧道裡。

換一種姿態，換一種視角，有時候就能
看見不一樣的東西，不一樣的價值。在
以為是理所當然的故事和命運裡，發現
不一樣的東西，也是尋找故事的功課。
每個生命都有它的矛盾和衝突，而那些
魔鬼的魅惑和天使的試煉都在細節裡。

尋找觀看世界的不同視角，
需要的不是展露自己，而是
從同理中認識更大的世界。

22

穿梭在火車的世界裡，
真的是很奇妙的經驗。
彷彿有許多人都各自懷抱著
不同的火車情懷，
不管是在哪一個崗位，
甚至是鐵道迷都一樣。

再給我
半小時就好

「當司機員，你不只要會開火車，還要有基本的故障排除能力。不然開到一半有問題，誰都救不了你。」

開始記錄南迴的故事之後，我常跟著前線人員在車庫裡進出，也慢慢有更多一點認識，原來要讓上線車不故障，故障車不上線，也是壓力爆表的事。畢竟這麼大一輛火車，若是在半路出了狀況，可不是鬧著玩的，尤其一列車乘客那麼多，又有趕點（時間）的壓力，現場及時維修工作，幾乎只有司機員和隨車機務能處理，若是又在單軌路線居多的花東線和南迴線上出問題，那真的會讓人頭頂冒汗⋯⋯

然而，更多人可能無法想像的是，我們搭火車或拍火車時，都會知道台灣的火車有很多車種、車型（因為不同採購的時間和標案規格），原本我以為各有不同的司機員負責，接觸他們之後才知道，一位司機員必須每一種火車都要會開，而

且是按照排班，每個月輪流。相較於日本，台灣的車種是真的複雜多了。

這也讓我不禁想起震驚全台的普悠瑪翻車事故，大家應該都還印象深刻，司機員在極大壓力下如何穩住一列火車的行進，生死攸關僅在一瞬間，若此時有些許失誤，那後果都是難以想像。

台東機務段的段長張志隆，他在拍攝過程裡給我很多協助，尤其他自己是火車檢修背景，經常也會跟我分享維修火車的甘苦經驗。

若說修理機車是「黑手」工作，那修火車可是放大百倍的大黑手，我曾問張段長同樣在機務段工作，怎麼不會想要選擇開火車而是走更幕後的維修工作？他笑著回答，大家進來機務段都會覺得開火車是最威風的工作，穿著整套制服，又戴盤帽，拖著行李箱，也是光鮮亮麗。但是司機員工作不定時，又有一半

火車維修人員，沒有華麗的出場，沒有特別的舞台，任務就是成就他人，成就每一列車完成任務回來。

時間都要住在外站，像他這種很難入眠，有睡眠障礙的人，是完全無法承擔的。但是他又喜歡火車，所以就選擇了維修工作。

「火車檢修就是默默的一群人，在車庫裡面，外人都感受不到，火車進到車庫裡面，都有一個出庫的時間，可能就兩三個小時，如果車子真的有故障的時候，你要在這時間裡把它維修好，我們的壓力是很大的，尤其是放假的時候，月台上滿滿都是等著出遊和回家的人，心裡真的會很急！」

張志隆家住羅東，念五專的時候，五年裡天天坐火車來回，他說一年級時天天擔心坐過頭，到了三年級時，就算睡著了也不擔心，只要醒來看一眼窗外，就知道這裡是哪裡，後來進到鐵路局工作時，他說就是一種很熟悉的感覺又回來了。所以維修火車的壓力雖大，但對他這種對火車懷有感情的人，解決問題後的成就感，也會讓他雀躍不已，「就是遇到比較嚴重的故障一直查不出來，回

家後晚上睡覺都會繼續想……然後當我把故障查出來後，那是很有成就感的，有時候回家就會跟家裡的人講說，『走，今天晚上不用煮，到外面吃飯，今天都算我的！』有好幾次印象就很深刻。」

穿梭在火車的世界裡，真的是很奇妙的經驗。彷彿有許多人都各自懷抱著不同的火車情懷，不管是在哪一個崗位，甚至是鐵道迷都一樣。尤其熟一點，多聊一點後，更是具體鮮明。

張志隆。看似陽剛的鐵道員，說到對火車的情感，常能看見他溫暖的一面。

張段長跟我分享過一個故事，讓我印象很深刻，當他還在花蓮機務段工作時，有一次遇到花東線火車出軌的事故，那路段是單線軌道，所以全線都被影響不能通車，所以大家的壓力很大。

「……我們搶修、搶修，剩下一組車就三輛，那時候機務處的處長，我跟他聯絡，我說：『再給我一點時間，我們把它吊起來，那個吊車都已經到了，都已經搶修剩下最後三輛，把它吊起來還可以復舊。』然後上面可能受到壓力很大，那時候就一直要通車，一直要通車，然後新聞稿也發了說幾點要通車，最後的決定就是把那三節車廂用怪手撥到底下去。那時候……怪手正在撥的時候……我眼淚都快要掉下來，我進鐵路局一直跟它為伍，然後每天呵護它，壞的就幫它修理檢查，會覺得說它出軌就把它恢復起來不是很好嗎？

可能每個層級都有壓力，可能上面受不了那個壓力，後來下的指令是把它推倒。

花蓮機務段。花東線火
車出軌，被推倒到邊坡
下處理的車廂。

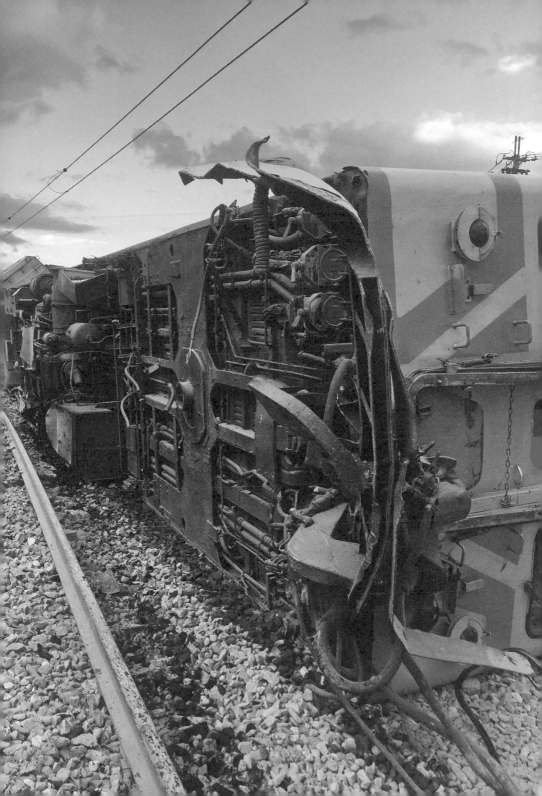

把火車推到邊坡下，然後趕快讓工務人員整修軌道，讓路線盡快通車。我那時候真的心情很不好，那種心情變得很低沉，我不會講，覺得很難受，因為總感覺這車子再給我半個小時就可以了！現在真的準備要報廢了，好像放在花蓮後火車站那邊……」

他說到怪手把火車推倒時，哽咽了，眼裡甚至還泛著淚光。雖然是一閃即逝，我在那個聽故事的當下，是完全能感受到他的真情。

身處於報廢車廂中，真有一股說不出的感慨和惆悵，感傷的不只是硬體外殼，而是那些曾經在這車廂裡歡笑、流淚的記憶消散了。

我也忍不住想，當我們在月台上焦急的等待列車進站，或抱怨著為何路線會不通？火車怎麼又撞到東西了？⋯⋯原來還有另一種心情，在鐵道上蔓延著。他最後對我說，「我進來鐵路工作二三十年，都在做車輛維修，真的對火車有一種感情，每一台車，每一台車都好像是自己的小孩一樣去呵護它，然後它故障，就好像生病一樣，我們就幫它醫好，把它弄好，就是這樣子的心情⋯⋯」

一個月後，我和團隊去了趟花蓮機務段的車庫，找到了張志隆段長故事裡的車廂，有兩節受損嚴重，已經被綠色大帆布包裹好，應該是準備要報廢送走了，另外還有一節，則藏身在露天的報廢車停車場上。我忍不住走進車廂裡，座椅和零件多已傾斜⋯⋯我一邊想著段長的話，拍了幾顆鏡頭，心情著實複雜。緩緩走下車後，天色漸暗，正好一列太魯閣號從遠處的軌道快速通過。

這等風景，要不感傷真難。

23

解構

思想、慾望就算拆解了
都不確定是否能看見真相，
物質世界的形體，
拆解到最後可以看見什麼呢？

解構，是我們在分析結構時，常喜歡拿來挑戰自己的題目。

思想、慾望就算拆解了都不確定是否能看見真相，物質世界的形體，拆解到最後可以看見什麼呢？

第一次進到台鐵的富岡機廠（原台北機廠遷到桃園富岡之後，改稱為富岡機廠），我難掩內心的驚嘆，彷彿走進了玩具工廠，滿滿各式各樣的大火車頭，還有拆解後的零件，每個都顯得巨大有趣，一時間內心的孩子氣全被撩撥了起來。這麼不專業的形容，當然只能是自己的內心話，專業的說法應該是，到了台灣火車最大的維修基地，有機會對於火車車輛維修有更進一步的認識。

但，其實我是來找人的。
我來找葉時進。

翻閱台鐵相關的報導和資料時，我一直像是另類的挖礦人，縱然不斷被台鐵詢問，你想拍什麼樣的故事？哪個方向？

下頁圖：駕駛室內部。

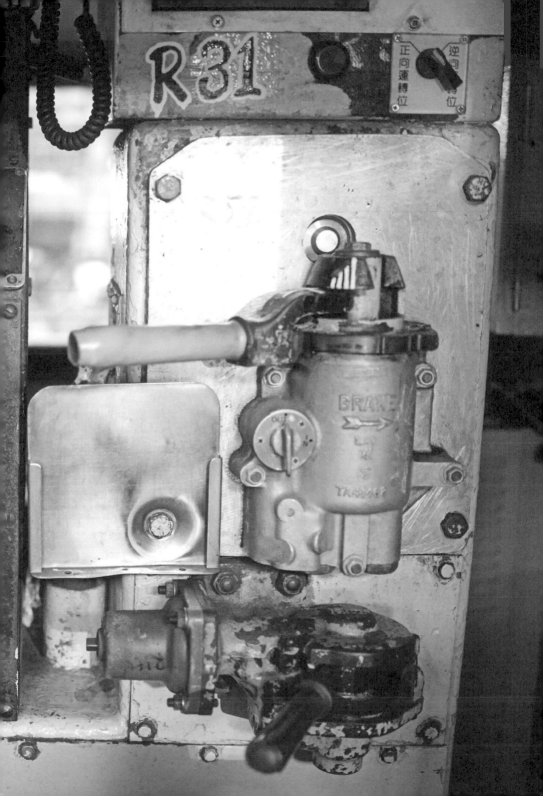

我都會微笑簡答，「我想自己再多看一些。」台鐵提供我參考的許多故事和火車資料，以及我自己到圖書館搬回的關於火車鐵道的書，滿滿一大落……洪致文老師的火車鐵道書是許多人的入門，但對我這樣的數字盲門外漢來說，專業的車輛歷史考據和火車歷史，帶給我很多基礎認識，但並非我的拍攝入口。坊間有些旅遊鐵道書又多著重於車站景點的描繪，開本不同卻大同小異。

負責聯繫的窗口是翁惠平先生，當時應該對我充滿懷疑吧！就像遇到了一直盯著貨架看，而遲遲沒有出手的客人那樣的打量。因為他是台鐵新聞窗口，所以習慣媒體來了都是精準的主題，明確的目標，像我這種尋訪者和觀察者，肯定是少數。

「我想認識葉時進。」我主動提出這要求。

葉時進，是我在一篇文章裡看到的人物，他原是台北機廠的火車維修技師，

蒸汽火車展現的工藝之美，就連拆解的零件都好看。

第一次那麼靠近的看見蒸機大車輪，廠長說鋼圈受損不能再跑，我說在訂製一個不行嗎？廠長說，開一個模要一千萬！

同樣一件東西，不同的人就可能看見不一樣的價值，所以物件的價值也是取自於人心賦予它的定義。

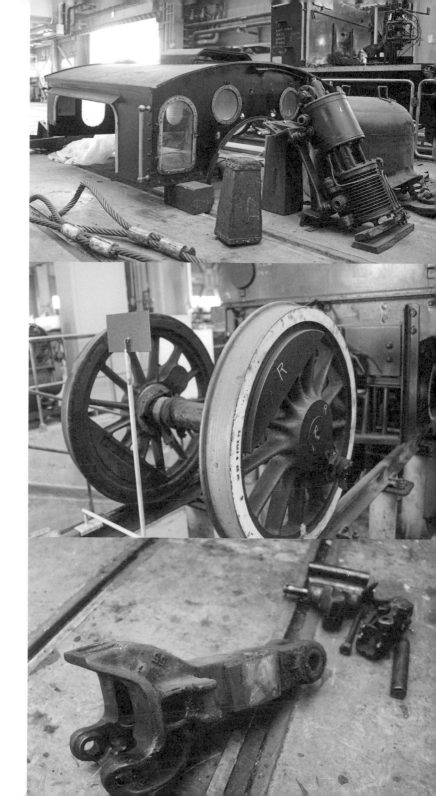

台北機廠遷移到新竹富岡後，他也到富岡機廠工作，他的特別是會把報廢的火車零件拆解下來，做成一些裝置作品。除了在台北車站大廳也會看到的火車戰士外，我還在報導的照片裡看到了「鳥」，而且是比翼雙飛的兩隻大鳥。看著報導，當時讓我眼睛一亮，他在想什麼？這些報廢零件對他來說是什麼模樣？修火車幾十年，怎麼看待這些機械零件？能把火車頭變成鳥……一定是個有趣又溫暖的人。

懷抱著這樣的好奇，我進到了富岡機廠，首先公關人員和廠長陳武昌先生帶我認識了各個火車維修區域，真是讓人大開眼界。英挺威武的火車機車頭，此時就像是被照顧的小孩，靜靜的躺在機械台上，被打開擦拭、維護、更新，地上滿滿大零件，都是缺一不可的傢伙。

最讓我驚訝的是看到了蒸汽火車頭CK101，實在好美呀！這麼近距離的看著它，雖然只是靜靜的停放在

車庫，沒有移動時的豪邁和威風，但仍絲毫不減損巨大機械結構的美，尤其看著它的大輪圈，實在忍不住想去摸摸看，就是它！曾經在台灣多少城鎮穿梭奔騰，帶著過去多少人的夢想和歡喜悲傷前進，一直前進。

若以劉姥姥逛大觀園來形容我的初體驗，不只是自我解嘲，是真有幾分心情。說真的，我在機廠裡走著走著，看到這些衰老待修復的老車頭們，竟有一種越來越濃烈的感受升起，他們好像都是有生命的機械，不只是鋼鐵元素的組成。車體上斑剝的漆，褪色的痕跡，沾上維修油漬的齒輪……說也奇怪，當下就彷彿讓我聽到一種聲音：「我們不只是如此喔！」

你們有什麼故事呀？
誰能說給我聽呢。

24

獨一無二的存在

每一輛機車頭都有它自己的編號，
就像人的身分證，不會重複。

在辦公室裡見到葉時進，他好靦腆，年紀比我長，沉默話不多。想和他多聊些，一時間不太容易。我想此時最好的突破，就是走出長官辦公室，請他帶我去認識他的作品。

果真，走到了他的作品面前，他完全就變成了一個熱情洋溢的大小孩。首先看著圍牆邊一排黃色小人偶造型的裝置，我忍不住讚嘆實在好有創意呀！他得意地一直笑，說：「我只要一拿到零件就會有想法，只要有時間就可以把它做出來。」自信與驕傲毫不掩飾。

環顧四周，我心裡忍不住想，能不能把創作課堂的學生帶到這裡觀摩呀，到處都是充滿造型感的大零件，如果那些要淘汰報廢的鐵料讓學生來發揮創意試試，一定也很有趣……

繼續跟著葉時進的介紹，我看到了他的直升機、母子鳥、比翼雙飛……

葉時進作品：金剛比翼鳥。

這群黃色小小兵,是我在
富岡機廠第一眼看到他的
作品,真是創意無限!很
想和學生們分享。

「你有沒有想過這些做品可以出去展覽呀？放在這裡很少人看到，有點可惜，每一個作品都有故事⋯⋯」我問。

葉時進嘆了口氣說，「我之前問過，長官說這是台鐵的財產，雖然我是用下班時間和報廢的零件做的，但報廢的零件也是財產，所以這些都是台鐵的，我不能自己搬走。」

看葉時進的作品，一再提醒我，「觀看的方式、觀看的態度」，他眼中每件作品的生命，都超過了形體的價值。

其實，一邊聽著他介紹作品，一邊說著火車的故事，是很特別的經驗，因為在他腦海裡清楚記著每一件作品是來自哪一台報廢的機車頭，火車頭都有他自己的編號，就像人的身分證，不會重複。所以這隻鳥是 R64，那隻鹿是 R39⋯⋯都是獨一無二。

一件作品，一輛火車頭，一段乘載著台灣人鄉愁的回憶，聽他說故事，總是讓我產生了很多的反省。

25

我就想為它做些紀念，
也希望以後的車子
都可以平平安安，
不要再有意外了。

火車是
有生命的

再次去富岡機場時，葉時進要我一定得
去看一件他很喜歡的作品。

那是一頭很美又挺拔的大鹿，風缸當身
體，彈簧是脖子，就連車上的鈴鐺都能
在下腹部用上，只能說真有創意啊！就
連鹿角也好有精神。

「它是 R39，我看它送進來的時候，是
身受重傷，看了也很難過，所以我就想
為它做些紀念，留下一點紀念。也希望
以後的車子都可以平平安安，不要再有
意外了。」

原來這頭鹿的作品是：一路（鹿）平
安！一路平安！葉時進說他在創作時，
心裡想的是一頭火車的守護神，希望不
要讓火車和司機員再受傷了。

他之所以會那麼有感，是因為 R39 進
機場時，撞車撞得滿嚴重的，整個司機
室都被削掉，讓大家看了都很不捨，
「我們第一個就是問，啊這個司機到底
有沒有事？後來打聽了，還好司機有跳

開，只是車子受損。這台車受損太嚴重了也沒辦法修，只能報廢。」R39 報廢之後，葉時進還是心心念念的想著這部車，總覺得心裡不捨，於是他開始想，要設計找一些零件來做個紀念品紀念這台 R39。

最後就做成了這一頭平安鹿。

聽完這個故事，我很被感動。完全沒想到一位在火車維修崗位上的技師，是這樣看待著他的工作和他所面對的火車。「我以前也算是鐵路迷，我就是很喜歡火車，人家會拍照會搜集文物，我沒有機會收集什麼東西，所以我收集的東西就是是我們的報廢零件，而且做紀念品來紀念這部火車。所以我是盡量找時間，把每一部車挑一些可以做成紀念品的東西，紀念這部車。因為每一部車，它對我們台灣來講，也算是大工程，他幫我們台灣做這個經濟建設，為我們台灣的運輸付出也算是功勞很大，台灣經濟也是少不了，我是這麼想。」

報廢與重生，可以是財產報表上的一條紀錄，也可以是哲學命題，和藝術的挑戰。

「你在講話的過程中，覺得你好像把火車當成人在看？」

「以我們的角度看火車的話，我覺得它是有生命的東西。因為火車從頭到，從那上面到車輪，他每一個、每一個東西，每一個配件，都是他需要的東西，就像我們人體的器官、所有那些零件都是器官。」

「所以你把它當兄弟？」

「是！我覺得它們都是有生命的。你看到那個零件和整部車放在外面，風吹日曬，又沒有時間去幫它，沒有很多時間去把它們拆下來，我也會很著急。因為我本身的工作也是滿多的，當然會捨不得呀！」

我忍不住追問，「如果你有多一點時間，多一點機會的話，你有沒有什麼規劃或夢想？也就是說，如果給你多一點時間，給你一些空間可以去做？你會

希望為這些退休或是受傷的火車做什麼？」

「如果給我很多時間的話，我會把這些所謂的報廢車，每一部車所有的零件全部拆光，把它再做成另外一個作品，好像有新的生命出來，紀念這每一部車，幫他們做歷史。不然火車報廢了，命運真的不一樣，有些比較好命，還會被送到學校單位去當教學，有些它真的不堪使用，只能報廢，給人家拆去賣，一公斤十塊錢⋯⋯」

那天下午，我和葉時進談了很多，就像老朋友聊天一樣。從那天起，很妙，好像火車也在我眼前活了起來。

26

第一眼見到它，
真的立刻被震攝住，
好威武！好有神！

黑
金
剛

一邊拍南迴鐵路，一邊也常往富岡機廠跑，沒事就去看看葉時進又做出什麼有趣的作品。可惜的是，拍到最後富岡機廠的行政人員一直抱怨我們拍那麼多次怎麼都拍不完，申請也就越來越難了⋯⋯其間有一件作品，讓我見過就念念難忘──「黑金剛」，第一眼見到它，真的立刻被震攝住，好威武！好有神！

但可惜的是黑金剛竟然被擺放在一個很不起眼的角落邊，我馬上跟葉時進說，「這金剛你做得真好，好有力量！怎麼會放在這裡，太可惜了。」

沒想到葉時進嘆了口氣，無奈的說，他也覺得洩氣，因為這也是他的心血。但⋯⋯沒辦法。關於「沒辦法」這種事，就是有口難言。後來我私下瞭解才知道，原來這尊黑金剛不是只有我看了被它震攝住，有風水老師也看到它的威力，所以建議放在「有用」的地方鎮住氣場⋯⋯一旦關乎這類事，就不是我一個小小導演能多說的，只能在遠方默默地仰望黑金剛！讓它能在紀錄片裡出現，也算是我對它的敬意吧！

一輛機車頭，在藝術家眼中到底藏了多少寶貝呀？為何我們都被限制了想像？

下頁第三章章名頁圖。
攝影／何振宏。

ON THE TRAIN

第三章

我們的鐵道時光

27

枋寮站的
第一個
女站員

我在家的時間很少，
你們要找我就來枋寮站。

枋寮是南迴鐵路的起點，軌道上有個標示里程數「0」的牌子。車站內充滿了「蓮霧」造型的椅子，牆面上還刻有余光中的詩《車過枋寮》；站外的鐵道沿線，最特別的就是魚塭景象。

我們到枋寮站找故事，最吸引我的就是充滿著南國熱情的黃祝大姐（認識她時她剛好六十歲）），她是枋寮站的第一位正式女性鐵路站務員。民國七十四年她就到枋寮站工作，婆婆也曾經是林邊車站和枋寮車站的臨時工，婆婆的父親在日治時期也是從事鐵路工作，黃祝的先生原本也想要進鐵路局工作，可惜有眼疾，所以無法如願。

讓我感興趣的不只是祝姊三代鐵路家庭的故事，而是個頭很小的她，動作很快，又熱心服務，任勞任怨，由於家住得近，下班後還會經常到車站當志工，真的是落實以站為家。每次要跟她約時間時，她總是這麼跟我們說，「我在家的時間很少，你們要找我就是來枋寮站，晚上也一樣，我會來做志工。」

祝姊有南部人的樸質和爽朗性格，真的就像鄰家阿姨一樣親切。她的身手和靈活度都不輸給男性員工。

家裡的人會不會覺得妳在鐵路工作上付出的時間太多了？我問。

她搖搖頭說，「我先生從小就是吃鐵路奶水長大的，他也很喜歡火車，不會有意見，他媽媽就是帶我進車站工作的人呀！我婆婆做事都不會抱怨，我做的就是她教我的，我先生他們小時候也都是在車站幫忙。」

原來黃祝的先生陳正成，小時候就是住在鐵路宿舍長大，媽媽負責打點司機員宿舍，要幫司機員、車長燒熱水、洗棉被，還要叫他們起床。孩子們要幫媽媽，就要負責去撿蒸汽火車進站時，在鐵軌上掉落的煤炭渣，搜集起來就可以給媽媽燒熱水了⋯⋯

現在陳正成從事送瓦斯的工作，我曾坐在他的小貨車上，跟著他在枋寮大街小巷裡送瓦斯，一邊聽他談起自己的兒時經驗，他說到自己的火車故事完全掩不住心情，他最開心的是列車長都對孩子很好，還會在假日帶他們去看電影！

嫁入這樣的底層鐵道家庭，是原本年少時沒坐過火車的黃祝很難想像的世界，更意外的是她竟然還接替了婆婆的臨時雇員工作，也進了台鐵工作，並在多年後考上正式員工。她很喜歡接觸旅客，她說來枋寮的人很多是觀光客，都是特別來搭南迴線的。所以大家都會比較開心，也比較希望得到服務，「絕對不要讓旅客等不到回應，通常他們就會不高興。」這是她的心得。

所以黃祝總會很主動地跟遊客分享，火車要怎麼拍才好看！還要記得拍到站牌等等……，週末跟著黃祝在枋寮站忙進忙出，就會聽到她不斷重複說著：

「南迴這邊大小隧道很多三十幾個，大橋小橋也有四十幾座，然後我就跟他們講，南迴線依山傍海，枋寮出去之後就是到加祿站，還有一個嘉和遮體，這個人工隧道就是為了海邊演習的時候軍人打靶，怕打到一般百姓，所以做了一個嘉和遮體。……枋寮出發，你上車要靠右邊坐，不然你看不到海，然後你可以

開始算隧道有幾個，這樣才不會無聊。……然後坐火車最好要買我們的鐵路便當邊坐邊吃，因為這是我們小時候的回憶。一邊吃一邊看風景，就是很享受。……經過多良，要記得多拍一點照片，我是覺得，你每一次去坐南迴，海的顏色都會不一樣，然後像颱風天，就有颱風天浪，又有它的風景……」聽祝姊說話，從頭到尾都帶著濃濃的台語腔，對我這種南部小孩來說，有種濃厚的親切感，真的很像鄰家阿姨那種愛的叮嚀。

五年多來，我們在枋寮已經不知進出多少回了，每次都為了省錢省時間，住在車站對面的鐵馬驛站，進進出出自助式，房間床鋪還是上下舖，哪家飯糰好吃，哪家麵店好吃，晚上放鬆去哪邊喝點清酒燒烤……都變得熟悉不過，用這種方式來熟悉一個小鎮，真是很特別的經驗。

右上圖：黃祝女士和她的先生陳正成。

28

南迴鐵路是
台灣環島鐵路
最後完成的一段，
難度也是最高的。

十次規劃
才定線的
南迴鐵路

南迴鐵路是台灣環島鐵路最後完成的一段，難度也是最高的。

根據現有紀錄，南迴鐵路最早的規劃是在民國 36 年，由前鐵路局局長林則彬先生組織環島鐵路探勘隊進行路線探勘，為的就是連接台灣南部東西向的交通，台灣島雖小，但四面環海，中間又有中央山脈阻隔，東西距離雖不長，卻很難穿越，導致南部的民眾或民生軍事運輸，若要東西向聯繫都很辛苦。當年最早的路線規劃為了便於施工執行，甚至繞到恆春、滿洲，沿著海岸線走，總長 157 公里（現行南迴線 98 公里多）。

南迴鐵路前後三十年間多達十次大小的規劃路線修訂，才決定出目前的路線。（如下頁圖）簡而言之，主要就是兩組路線的評估，偏北的金崙線，和偏南的枋山線。偏北的金崙線路徑短，經營效益較高，但工程難度也高，尤其要穿越中央山脈，隧道長，對當時的施工技術是很大的困難。而枋山線往南方偏，距

離長營運不易，但經費省工程時間短，無長隧道挑戰。

民國 68 年最後定線是以偏枋山線的規劃來執行，顯然工程執行的可行性還優於營運考量，畢竟空有願景，隧道無法貫通也是難以完成。在民國 69 年南迴開始動工時，當時的技術還是以 TNT 黃色炸藥炸山施工的年代，不僅沒有衛星，更缺少大型挖隧道的機具，工程推進可說相當困難。

南迴鐵路在民國 80 年第一次通車（正式營運是 81 年），黃祝當時已經在枋寮站工作，她回想當年的盛況，竟然說就和現在「迎媽祖」一樣熱鬧，我一聽覺得生動極了，忍不住笑了出來。

「我們全部枋寮鄉的人，都全部出動，那時候鄉下都會放送 (廣播)。所以那時候枋寮鄉的國小、國中，大家都一起來，就是整個廣場和月台都是滿滿的人，就像迎接媽祖一樣的盛況。大家都很高興，因為南迴通車以前，我們從這

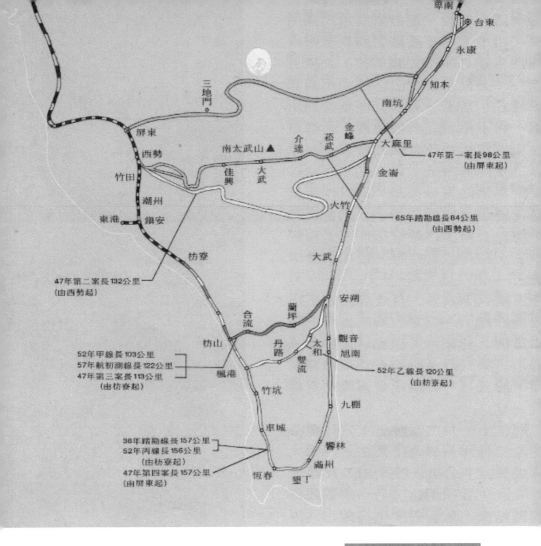

三地門

屏東

西勢

竹田

潮州

東港　鎮安

枋寮

47年第二案長132公里
（由西勢起）

南太武山▲

佳興　大武

介達

慈武

金峰

卑南

台東

永康

知本

南坑

大麻里

47年第一案長98公里
（由屏東起）

金崙

火竹

65年踏勘線長84公里
（由西勢起）

大武

安朔

合流

枋山

楓港

蘭坪

丹路

雙流

太和

觀音

旭南

52年乙線長120公里
（由枋寮起）

52年甲線長103公里
57年航初測線長122公里
47年第三案長113公里
（由枋寮起）

竹坑

九棚

車城

36年踏勘線長157公里
52年丙線長156公里
（由枋寮起）
47年第四案長157公里
（由屏東起）

恆春　墾丁

滿州

響林

日治期時時台灣案內圖繪。日治時期的台灣鐵道
獨缺北迴線（蘇澳到花蓮）與南迴線（枋寮到台
東）兩段。如今工程最艱困的南迴線完工，也讓
台灣鐵路路線更臻完備。

邊要去台東要坐公車，山路要走好幾個小時，都會暈車。所以當初試營運的時候，好多人排隊要領那張火車票，試營運就頭三天不用錢，不過你必須要來領那張票才可以搭乘。」

但更讓她感到驕傲的是通車當日行政院長郝柏村也來搭乘首班車，黃祝當時負責的工作，是拿「路牌」交給站長，然後站長再交給司機員。

當天拿路牌交給站長這件事，妳現在說起來好像還是很難忘呀？

「我覺得那是一種榮譽！能拿站牌是一種榮譽。我覺得從民國 74 年能從我婆婆的臨時工接過來，到現在在枋寮站工作四十幾年也是一種榮譽。」

這樣的信念，在現代年輕人聽來，恐怕是很難想像的一種堅持。但拍攝紀錄片的工作，總是帶給我跳出同溫層和打破既定價值觀的評斷，試著去理解更多的人。

南迴的豐富和美麗，很可惜沒有被更多的看見。光是走一趟南迴鐵路，可以認識多少台灣的故事？

攝影／黃凱群。

29

很難回家的
工作

苦澀的印象不只是音義上的雷同，
而是這條鐵路規劃時間橫跨近三十年，
興建期間也長達十二年，
施工過程更是考驗不斷……

在我對外提出拍攝計畫時，遇到一個出乎意料之外的挑戰，就是北部人總覺得「南迴」很遠很陌生，而在地高雄、屏東、台東的人，有些人也不太喜歡「南迴」，他們的說法我乍聽還真驚訝，「南迴就是難回，很難回家，不好聽呀！」

原來是同音字呀！我苦笑。

但更進一步瞭解之後，才發現苦澀的印象不只是音義上的雷同，而是這條鐵路規劃時間橫跨近三十年，興建期間也長達十二年，施工過程更是考驗不斷，不僅穿越中央山脈南段的大難題，還有沿途幾乎沒有公路系統支援，聚落也多是原住民部落，人口和資源都少，綜括來說，工程難度很高。

當年在南迴鐵路工程處隧道股的工程師許健豪，現在是鐵道局東工處副處長，他回憶，「台東到屏東這一段路，大部分都是山，一邊是山一邊是海，那早期我們做工程是說，碰到山就做隧道，碰

到山谷就做橋，因為地質比較特殊，靠海邊整個岩盤崩壞就蠻嚴重的，所以隧道施工時常會發生有偏壓的現象，或是塌陷的一個情況發生。挑戰最大的，大概是在枋山那邊，因為枋山隧道那邊，就是說它的覆蓋不是蠻深的，而是分七層，它一挖就塌陷了，那一度我們也有想過改線，但是我們還是想盡辦法，把山坡整個加固，然後硬把它撐過去了。」

許副處長說起當年隧道施工的種種挑戰，是我們現在很舒適的坐火車穿過隧道時，完全缺少的想像，尤其當中央隧道沒有貫通時，工程人員是分別從東邊和西邊同步前進，兩頭的人要能見上一面，實屬困難，要不是得出山區，然後再花五六個小時走南迴公路，就是要繞台灣一大圈從北部來回。

他說，他負責的是西口（枋寮枋山方向）工程，但家住在宜蘭，要回家一趟真的是很難。「在南迴工作的時候，要回家一趟真的很不容易，就要搭南迴公

路從屏東到臺東，再搭火車到宜蘭，如果回去的話，為了節省時間，有時候就搭夜車，從宜蘭往臺北、高雄到枋寮，那時候到枋寮大概七點多，七八點上班的時間，利用夜車的時間，來節省旅途的時間。」

一般民眾，早年如果要在台東、屏東間往返，那絕對不是一件愉快的事，因為我採訪了許多人，至今還沒有聽到坐舊南迴公路的客運車不暈車的，所以在南迴公路兩端的楓港和大武，都一定買得到暈車藥，也成就了那兩個小鎮一度的繁華景象，因為走過南迴，一定要停下來休息一下呀！

下頁圖：攝影／何駿毅。

枋山
山
Fangshan

枋山
Fangshan

內獅
Neishi
4.9公里km

←→

古莊
Guzhuang
26.9公里km

30

這條鐵路可以說
完全是用人力、
汗水、淚水和意志力
開鑿出來的鐵路。

南迴與我

為了多瞭解南迴鐵路興建過程遇到的難
題，我也到圖書館把跟南迴有關的資料
都翻了出來，這才發現關於南迴鐵路的
資料真的不多，研究也少。一本前交通
處長林思聰自述的《南迴與我》，總算
讓我找到了一扇窗跨進了時光隧道。

林處長以第一人稱分享南迴興建過程的
艱辛，當時工程技術有限，這條鐵路幾
乎都是由台灣的工程師自己探勘、設
計，直到後期因為政府政策調整，才
引進外國顧問公司，所以可以說是完全
是用人力、汗水、淚水和意志力開鑿出
來的鐵路，他對於工程師們的付出感到
驕傲和不捨，也為南迴工程人員未獲重
視，甚至還遭遇官司（後來宣判無罪），
感到不平。字裡行間，我都可以感受到
這位長官對弟兄們的感慨，所以在他卸
任前，他自己寫下了這本小冊子。

看了這本書後，我心裡有了更多的好奇，
開始透過一些朋友，甚至是交通部，希
望能夠聯繫上林思聰先生，他年紀應該
已經高齡，但很可惜一直都無法找到可

這本小書，開啟了我對南迴
工程人員的好奇，沒有能拜
訪作者林思聰處長，是個遺
憾。

以聯繫的人，一直到我拍攝後期，才聽到鐵道相關的友人說，林先生已在兩年前去世。聽到這消息，讓我感到相當遺憾，這也表示當我啟動這紀錄片計畫時，他還在世的，可惜沒有來得及相遇請益。但這也讓心裡我種下一棵種子，在後續拍攝過程裡，我除了紀錄南迴電氣化前的地景變化，和前線鐵道員的故事之外，我也會開始問有沒有人認識之前興建鐵路的工程師？

看過一張張南迴鐵路現場施工照片後，對於這項工程又有了更多的想像和敬意。

31

我們的
鐵道時光

「我覺得做南迴最有意義的就是，
把台灣鐵路做一個圓滿的結合，
這一段完成後，
台灣就變成了一個圓。」
蔣東雄工程師說。

因緣真的難思議，正當我心裡掛念著南
迴鐵路的歷史時，《大武山下的美麗韻
腳》作者傅怡禎老師，傳給我一份資
料，上面有一則報導介紹了一位早年曾
經參與南迴工程的包商劉清郎先生，他
現在是台東富野大飯店的董事長。

我用這條線索找到了劉董，希望能去拜
訪他。沒想到他送給我們更大的禮物，
就是幫我們找到了好幾位當年的年輕工
程師，那時候三十歲左右的年輕人，現
在多屆臨退休，在劉董的邀約下，我和
薛文城、蔣東雄、陳明仁先生在台東見
面了，我們喝咖啡聽了一個下午的故
事，晚上則有更多曾經參與南迴相關工
程的人一起來聚餐。

一整個下午聽著他們說起自己年輕時興
建南迴鐵路時的故事，我和團隊都很興
奮，這是我之前完全沒有採集到的內
容。由於時間已過了三十多年，現在他
們說起當年往事，越說越勇，除了描述
工程有多困難外，還多了幾分趣味和瀟
灑。

左上圖：當年參與南迴鐵
路工程的人，一起拍大合
照留下紀念。

泛黃的照片，就算再怎麼
樣模糊，也是歷史的見證
和記錄。

尤其是提到他們大家感情特別好，都是
因為拜交通不方便之故，如果交通方便
大家放假就回家了，但一方面是因為當
時一個月只有四天假，再加上回家路途
遠，所以大家幾乎都是長時間生活在一
起，「我們睡在一起的時間，都比和我
們老婆在一起的時間長！」

當時的工班宿舍，很多是借住在學校，
一個教室二十五個床位，一個人的位置
就是一張榻榻米，可見當時的克難。所
以當年的夥伴情誼，至今都還牢牢地把
他們連繫在一起，薛文城工程師甚至
說，他們的默契可以好到只要一個動
作，不用開口就能猜出是什麼意思了。

榮辱與共的友誼，和扛起國家重要工程
的使命感，是我在這些人身上看到的共
同情懷，「我覺得做南迴最有意義的就
是，把台灣鐵路做一個圓滿的結合，這
一段完成後，台灣就變成了一個圓。」
蔣東雄工程師說。

上圖：蔣東雄（左）、薛文城（中）、劉清郎（右），暢談當年的南迴工程往事。

下圖：透過台東富野大飯店劉清郎董事長的牽線下，陳明仁（右起第二位）等再續三十多年前的同事情誼。

32

我打算去跟國家說，
我願意用兩倍價錢
一平方公尺十八塊
跟你買回來好不好。

徵收土地

南迴沿線，多經過部落，有不少原住民的土地都會被徵收。部落的居民比較老實，不像西部聚落，甚至還會集體抗爭來爭取權益，在台東這邊我聽到當時徵收土地引發的爭議，通常是計算植物補償時的紛爭。因為補償金除了計算土地面積之外，也要算地上的作物價值，根據當地鄉長說，當時鐵樹的賠償價錢最高，香蕉相對便宜，於是乎有段時間大家突然都種起鐵樹來了。現在聽起來雖是趣談，當年應該也是很認真的算計呀！

後來我們遇到了一位成春美大姊，她的狀況就心情不太好了，因為祖產地有一半是水田都被徵收了，而且當時土地價錢竟然一平方公尺只有九元。

我還記得聽到這數字時，我有再確認一次：「九元？」

「是呀！一平方公尺九塊錢，好大一片都被徵收走了，然後地上物還給你一棵一棵算，木瓜一棵多少這樣，連蒜頭都

一棵一棵算，最後還要再給你打折，你看有沒有離譜？」當年這真是超乎想像的計價方式，我們團隊成員聽到時，也都感到很難置信，但這就是事實。

不知是出於愧疚還是感恩，春美大姐說，南迴通車那天，還特別安排了一班專列是招待所有土地被徵收的人家搭乘。

「那大家有去搭火車嗎？」我很好奇。

「當然有呀！老人都有去，而且還穿我們的傳統服飾，一個村一個村都有紅布條標示……」

最後春美大姐還跟我們討論，當時超徵收了很多土地，有些地根本沒用到，現在就荒廢在那邊，她每天看到都好心疼，「我打算去跟國家說，我願意用兩倍價錢一平方公尺十八塊跟你買回來好不好，我吃虧一點沒關係！」聽完我們都笑了，合理但不太可能呀！這例子似乎也再次見證了早年在國家政策上，對原住民土地的態度真的是缺乏尊重。

土地被徵收很心疼，火車
通過又帶來便利，這矛盾
的心情一般人很難體會。

33

瀧溪站的
午後時光

樸實的月台站體，
寧靜到只有風聲和偶爾一列火車畫過，
那幾個小時，
是我很難得在龐大工作壓力下，
很平靜地與自己獨處的美好時光。

南迴鐵路沿線的民眾，通車前會很期待嗎？

「當然是期待啦。可是因為我們沒有真正享受到通車的便捷，所以突然間要說我們有多好，我們也不懂，但是我們感覺是通了。因為以前從西部到台東來坐車要 5 個小時，像我們現在大概兩個小時就可以到了，那感覺就蠻好的。通車之後大家最高興的，就是很快、很快。」太麻里鄉前鄉長李錦上說。

這條鐵路在興建前，就曾經做過一些研究評估，我看過一份人口與產業影響報告，初步估計都是正向發展，會讓沿線鄉鎮交通更便利，也能促進地方人口與產業發展，對於山上的部落來說，也可以間接促進部落生活（沿線以排灣族居多）的提升。

但在南迴通車那年，音樂人陳明章寫了一首歌《花東海岸》，歌詞裡對於南迴通車卻是藏有一絲的憂慮，就是人口外移會不會更嚴重？會不會有更多年輕人

想要離開家鄉奔向繁華的台北和高雄呢？

南迴鐵路完成至今三十多年，從現在的人口資料對比當年的評估後發現，較大鄉鎮的發展，的確接近當時所預期的，例如枋寮、太麻里、金崙等，除了大武之外，因為在火車通車後，搭客運走南迴公路的人就頓時減少了很多，沒有了南迴客運樞紐的重要功能後，大武反而是沒落了（這段故事在後面篇章會再分享）。但小村落的評估則是失靈，人口外移嚴重的擔憂發生了，人口數負成長，地方發展也沒有提升。

這狀況也反應在南迴鐵路的營運上，雖然在興建之初就已經可預見這不是一條會賺錢的路線，但基於國防運輸和環島交通線的建立，仍是必要的國家重大建設。通車之始的十九個車站，在我們拍攝時只剩下十一個站了，其中枋山、加祿車站更是常常名列全台營運量最低的前幾名車站。

針對這現象，李錦上前鄉長提出他的觀察，大鄉鎮和都市人口比較會有長距離的移動，在鄉下或部落，基本上大家比較少移動，需要的是農產品輸出的支援，但火車在這點還是比較難幫上忙，因為從產地到車站，還有車站到市場集散地的裝卸運輸是斷裂的，所以農家還是習慣自己開車，但火車的確是讓年輕人離家的路變得更方便了。

面對南迴鐵路的寂寥，在平日搭乘拍攝的我們很有感受，柴聯自強號不停小站，小站的搭乘人數少，停靠的車班也少。我曾經一個人帶著攝影機守在瀧溪站一整個下午（當時是分配工作人員一個人守一個點），只看到上車兩人，下車一人，然後整個車站就是一位站務員，一條老黑狗，還有一個我。當時站務員還很懷疑地不斷詢問我在做什麼？我跟他說我在記錄南迴線，他還半信半疑。最後是真的發現只要有火車通過，我都會到月台拍攝，他才漸漸放下心防，還熱情地問我：「我現在要泡茶，妳要不要來喝一杯？」

其實，那個瀧溪站的午後時光，對我來說是迷人的。

樸實的月台站體，寧靜到只有風聲和偶爾一列火車畫過，那幾個小時，是我很難得在龐大工作壓力下，很平靜地與自己獨處的美好時光。幾年過去，瀧溪站現在已經換了新衣，但那次的記憶至今難忘。

對了，提到瀧溪也要說一下這個站名的由來，原來這個地方是太麻里鄉的「大溪」，但是因為北部有個大溪，太麻里也有一個大溪，站名不能重複，因此鐵路局當時請鄉公所改個名。

「他們要我去命名，我就去做一個調查，到底這裡比較適合的地名是什麼？查到日本時代，因為大溪屬於多良村，多良是一個山坡，日本時代稱作「壠」，土字旁的，所以我們把它重新命名為「壠溪」。

但沒想到鐵路局後來自己把它改成三點
水的「瀧溪」，他們是說好像比較好
寫，大家都比較認識。可是我覺得它的
味道就喪失了。」

經過李鄉長這一說，我對瀧溪站就更加
忘不了了。

34

老先生現在回憶起來，
話說得雲淡風輕，
但想想當年的工作環境，
真的是用命去換來的收入。

挖隧道的人

有段時間，我和團隊常在大武車站、大鳥部落、古莊號誌站之間穿梭，那是個炎熱的夏天，台東藍暈染的天空和大海，開闊浪漫，湛藍的層次豐富，就是和北部的海、西部的海不同。那段時間，我們在山邊、海邊四處聽故事、拍火車，附近的民眾很古意，很容易就能聊起來，有時還會遇到騎著摩托車經過的老人，第一圈多看我們一眼；第二圈問：你們在這裡做什麼；第三圈繞回來，竟然說：想去看隧道的斜坑嗎？我知道在哪裡……

有一回，我們在一家原住民開的小麵攤裡吃著高麗菜炒飯和肉絲炒麵時，隔壁桌的兩位大叔一直盯著我們看，可能是我們桌上放了很多攝影器材，這對純樸的部落來說，應該是少見的東西，他們邊吃飯、邊喝酒，也邊聽著我們討論拍火車的行程。後來其中一位大叔終於忍不住開口了……

「這邊的隧道很多都是我們原住民去挖的，那個時候做一天一千五百塊！」一天

一千五？我聽了嚇一跳，心想民國七十年一天工資一千五，那是很高的工錢，這位大叔不知是不是喝醉了……「所以你有去挖隧道嗎？不然怎麼知道的」我問。

「我沒有……是我叔叔他們都有去做。」

「那你可以帶我去找你叔叔嗎？」這位大叔聽到我這樣要求，突然就猶豫了起來，開始推說人不好找，不要被拍攝等等。

那次的巧遇，雖然最後不了了之，但也提供了我們一條線索，當時南迴最艱困的工程就是長隧道多，如果在地的原住民有參與，那肯定還能找到人。於是我們開始往鄉公所，和在地社團四處打探消息，最後終於讓我們找到了兩位當時曾經參與南迴工程的隧道工人。

其中一位潘茂增老先生，他參與的隧道工程經驗很多，照他的說法，他們有經

驗的人當到工頭，一天工資甚至可以高到兩千五，這在那個年代是高薪啊！我乍聽時忍不住驚嘆。

「挖隧道賺錢是比其他工作多很多，可是很辛苦，要輪班，二十四小時都不能停下來，有時候白的進去黑的出來，有的時候還會躺著出來，被炸到啊！有的人怕，有的人不怕，像我們這種比較窮的，孩子要讀大學沒有錢，為了給小孩子讀書就要做苦工。其他的年輕人不喜歡做那種工作，因為很髒，而且怕危險，那我們是習慣就沒有什麼了。」老先生現在回憶起來，話說得雲淡風輕，但想想當年的工作環境，真的是用命去換來的收入。

當年參與南迴工程的原住民，以花蓮阿美族最多，他們是參與了北迴鐵路工程後，再轉移到這邊工作的人，另外還有台東的排灣族人，多是附近部落的居民，因為捕魚收入不穩定，所以為了更好的生計，才參與隧道工程。在他們的回憶中，提到金崙隧道施工的記憶最為

生動，因為隧道施工打穿了溫泉水脈，所以湧水都是溫泉，施工難以進行，包商甚至落跑不做了，後來只好找這些有經驗的人去支援。

「那個時候裡面很熱，都是四五十度，我們在裡面都只穿一條內褲，還要從外面拉冷水一直沖在我們身體上……還好最後我們還是完成了。」

聽到他們說起這些舊時回憶，真是讓我們大開眼界，這種施工方式在現在是不能想像的。湧水、坍塌，是隧道工程最危險的部分，還有埋炸藥時，一不小心也會有死傷事件，南迴全線因為工程事故而罹難的人員高達二十一位，其中原住民比例最多。

圖片截取自當年金崙隧道
施工影片。

35

皇后商號

皇后商號，
當時就在大鳥隧道工地和
附近的國小旁邊，地點很好，
幾乎成了工程師們
下班時聚會的場所。

歷時十二年，那麼多工程人員湧進鐵道工程沿線，生活休閒需求也是難題。

田野訪查，待得夠久故事就會出現，我們找到了當年在大鳥隧道旁唯一的雜貨店「皇后商號」的老闆娘，她的大名就叫王皇后。

還記得第一次見到皇后時，我打趣的問她，這是本名嗎？因為原住民取這名字還真特別，沒想到她很豪邁的大笑了起來，「很多人都問我這問題，我想是因為我長得比較壯，如果長得瘦小一點，我爸爸可能就會叫我公主！」實在很幽默。王皇后的父親可是部落的長老，但她年輕時顯然也是相當叛逆，對於婚姻和工作都有她自己的一套想法。

皇后商號，當時就在大鳥隧道工地和附近的國小旁邊，地點很好，幾乎成了工程師和工人們下班時聚會的場所。雖然說是雜貨店，但更接近是聚會場，因為大家沒地方消費，也沒地方娛樂，所以皇后商號就從一開始賣生活雜物，到最

我們在部落裡到處採集故事，四十年前的點滴回憶，慢慢匯聚，也讓我們有機會窺見這段鮮少人知的歷史。

後開始賣麵，後來又順便經營剪髮，甚至還擺了當時熱門流行的電玩機台。由於鐵道工程二十四小時不停工，大家輪班，所以消費需求也是希望他們的商店不打烊，於是王皇后就帶著她的女兒們開起了二十四小時商店，平常愛唱歌的她，還會一邊跟大家喝酒唱歌，真的累癱了，就讓工程師們自己想吃麵就自己煮，要買東西就自己丟銅板。

訪問王皇后和王曉彤母女是很有趣的過程，在她們的記憶裡，生意的經營是其次，對於和工程師們的相處點滴，反倒讓她們難忘……

因為當年的工程師也都很年輕，大家長時間不能回家，也會把這個小雜貨店當成家的感覺，大家吃飯喝酒聊天幾乎是混在一起，有時候也會想要抒發心情，再加上領了薪水也沒地方花，所以在店裡玩電動的人也不少。

有一次皇后的先生無意間告訴我們，當年最熱鬧的時候一天甚至可以進帳一萬元，這都是拜電玩機台所賜。

當年的「皇后商號」如今已經沒了痕跡，我們對於過去種種的想像，只能憑著皇后的記憶幫我們刻畫起來。坐在她家客廳，她一會兒揮揮右手說，這裡以前是煮麵的地方……一會兒揮揮左手說，那邊以前是剪頭髮的……，電動玩具是放在後面……，我們只能自己想像。

採訪王皇后母女所聽到的故事，彷彿是南迴鐵路的野史，是另一種視角的工程紀錄。

36

尋找故事，
要一直循著線索走下去，
隨時保持好奇心
是很重要的態度。

我把回憶
交給妳

尋找故事，要一直循著線索走下去，隨時保持好奇心是很重要的態度。

在尋找南迴的故事過程裡，我常常自詡是挖礦人，必須保持一種敬畏的心情面對每一位可能與你交會的人，或許他就是一顆寶石，縱然第一時間你可能還無法看見他的價值，但是當光芒乍現時，真的會很感動。

鐵道局東工處的廖明城段長，我在多良改施工路段試車時，就曾經見過他，並且和其他工程人員一起擠在狹小的機車頭裡，當時我的拍攝對象是司機員吳奇泰，並沒有多留意這位長官。後來在富野飯店董事長劉清郎邀約的晚餐聚會裡，才知道原來他也是當年南迴興建時期的工程師。經過多良改工程現場的記錄和幾次訪談過後，我們越來越熟，我也請他幫忙找一些當年的老照片或文件資料，來佐證他們的故事。

火車車廂內一景。

有一天我接到了廖段長的電話，他說找到照片了！我隨時可以到太麻里的工務所去拿。原以為只是幾張照片，沒想到我到了他辦公室後，才發現是兩袋當年的施工過程照片，這對我來說完全是驚喜！但問題來了，這麼大量的照片，我一時間無法完全翻拍，只好問他能否讓我帶回台北翻拍後再還給他。沒想到廖段長竟然毫不猶豫的答應，並且對我說了幾句話。

「妳拿去沒關係，這些照片放在我這裡只是回憶，交到妳手上，就有機會變成歷史了！」我聽了這幾句話，一時間不知如何回應，是他的信任和期許讓我湧現莫名的感動吧！這幾句話至今仍深刻的放在我心裡，也當成是自我的提醒。

那天我還記得，他拿出一張在隧道口大家的合照自我解嘲，「妳看，當年我們可都是年輕小伙子啊，沒想道一眨眼竟然也快退休了。」當下我心想，時間的長河不就這麼回事嘛！沒人能逃得過。但因緣實在不可思議，在我影片完成

後，因為缺乏資金而必須公開募資時，竟然收到了一個陌生訊息，有人願意提供他父親早年拍攝的南迴影片給我們。聽到這消息，一則以喜一則以憂，因為這實在太好了，但也來得太遲了，由於我們的影片已經接近完成，若還要再放入新片段，那後製又會多一個小工程和額外費用，因此我相當掙扎……可是萬萬沒想到，在這批影片中，竟然出現了當年交通處長林思聰在農曆春節時去巡查工程進度，慰勞工程人員的畫面。林處長正是《南迴與我》一書的作者，我一直希望能找到他卻錯過了機會，沒想到竟然得到了資料片。更出乎我意料之外的是，在那次的紀錄畫面裡，林處長說完話後，記者繼續訪問的工程人員，竟然是年輕的廖明城！

看到畫面時，我實在驚訝得說不出話來……怎麼會有這麼巧的事呀！我自己都不敢相信，但事情就是這麼發生了。人生的劇本和因緣機遇真的是很難算計，只能謙卑地保持敬畏的心，去面對每一次的挑戰吧！

隧道工程施工過程照片。

37

有幸見到南迴鐵路
全線橫縱斷面圖，
對我來說就是激勵我
往前的動力和補湯。

搶救南迴
全線大圖

拍攝過程裡有很多挑戰，包括拍攝資金一直沒到位，故事線一直長大，還有拍攝期一直延長等等，都無時無刻的考驗著我。偶爾夜深人靜時，我也會想，為何跑這麼遠拍這故事？為何越陷越深？這些被遺忘的故事為何需要我挖出來？

脆弱時，難免自我懷疑，可是一旦有故事冒出時，我立刻又恢復到戰鬥狀態。這應該是創作人的宿命，永遠都在跟自己的意志力搏鬥。

有幸見到全線南迴鐵路全線橫縱斷面圖（PP 圖），對我來說就是激勵我往前的動力和補湯。

那是薛文城科長有次跟我說，他有一些工程圖不知道我想不想看，或許會有用。一開始我聽到是工程有關的圖，興趣不大，這大概是念文組人的恐懼，總覺得自己應該看不懂。但在好奇心的驅使下，我還是去宜蘭找他了。

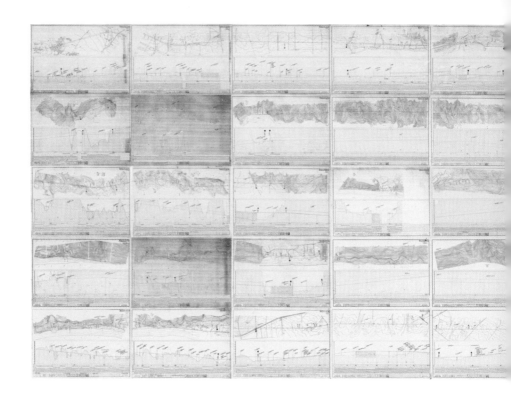

當薛科長拿出這份南迴全線五十張的橫縱斷面圖時，我好感動，怎麼還留有這資料呀！沒想到他說這其實是他私下保留的，因為當年鐵道完工後，這些圖都被視為無用了，所以就一起要燒掉，但這可是他們早年一步一腳印走出來的資料，一張圖要畫一個月才能完成，要把它全部燒掉，他心裡很捨不得，於是就私下留了一份。我不確定這是不是唯

五十張「南迴鐵路全線橫縱斷面圖」收錄於本書「附錄」單元。完整再現珍貴絕版史料。

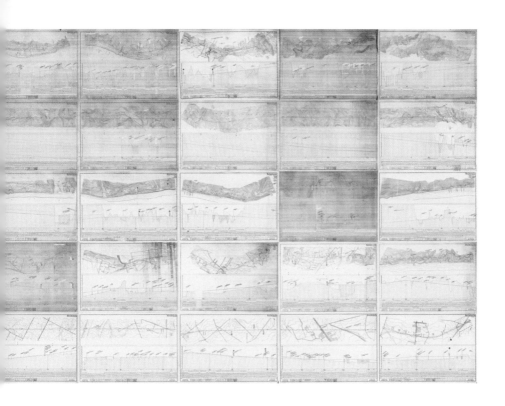

一一份？因為我曾經試探問了鐵路局和
鐵道局，都說沒有這資料了，這內容在
我看來，完全應該要做數位保存才是。

一邊翻閱著大圖解說，薛科長也不時穿
插他們當年探勘路線時的難忘回憶：
「這個路線測量，我們會找一些當地的
原住民當嚮導，上山沒有路還要請他們
幫忙砍草砍樹。測量的時候也會碰到奇

奇怪怪的東西，像長長的蛇，還有那個山豬、飛鼠等等，通通都碰得到。有一次去做校測的時候，原來固定的點上面就盤著一條很大的蛇，我們只能等牠離開後，才能開始工作。甚至也會碰到野蜂、虎頭蜂，我們曾經有一個段長，被叮了以後就昏迷了三天三夜，就是虎頭蜂。」

當時有沒有人會因為工作危險或壓力太大而退出呢？我好奇問。

「不會。那時候的狀況，會覺得是一種榮耀，就是你去參與國家建設工程，我們有使命感。現在講這方面，沒有人會相信，就像現在有很多的大學帶了一些研究生來參觀隧道，根據我們統計，研究生進到隧道以後，可能五十個進去，只剩下兩個人會留下來，四十八個跑掉，他們不願意做隧道工作了。」

當時你沒有猶豫過嗎？「沒有，就像第三年我就碰到南迴的第一個弊案，我是第一個交保的，後來整個判決的結果都

證明我們是無罪的，為什麼是無罪，因為我們不是圖自己私利，我們是圖國家之利，到現在為止我也都沒有個人想法。很多人覺得多做多錯，少做少錯，不做不錯，但是我還是要做，繼續做，我對工程的使命感現在還在。」

38

我還記得當火車通過時，
經過每一個站，
那個民眾熱烈的狀況，
我都感動到哭了，
那種激動啊、吶喊歡迎啊，
真的會讓人感動落淚。

感動的眼淚

1991 年 12 月 16 日，南迴鐵路通車，並同時在枋寮和台東舉行了通車典禮。隔年正式營運。

找出當年通車典禮的新聞影片，看到畫面中鐵道沿線、月台都擠滿了人，而且大家都揮舞著國旗，還有原住民穿著傳統服飾盛裝出席。當第一列車通過時，可以說是群情激昂熱鬧。

當時規劃枋寮端通車典禮的人是台鐵企劃處長葉日洋，雖然他已經退休，但對火車熱情不減，還組織了退休鐵路員工的志工隊，希望投身鐵路文化的推廣等等。和他一談起當時通車典禮的盛況，葉先生的眼神就變得炯炯有力，彷彿回到了現場。

他說在通車典禮前一年，大家就開始投入規劃了，沿途如何讓大家一起來迎接火車，怎麼佈置安排，都是事前就要規劃，包括南迴沿線的橋梁全部都要插滿國旗，月台要站滿人。

當天的首航專列有省主席連戰、行政院長郝柏村出席搭乘。

「主持完枋寮通車典禮後，我也坐上首航班車跟著貴賓一起出發到台東，我還記得當火車通過時，經過每一個站，那個民眾熱烈的狀況，我都感動到哭了，那種激動啊、吶喊歡迎啊，真的會讓人感動落淚。」

但他也遺憾，籌備了那麼久，在地的民眾期盼了那麼久，如果能夠每一站都停一下該有多好，耽誤一點時間沒關係吧，可惜只停了一站大武，院長到車門邊跟大家揮揮手。

「那時候我感到有一點心痛，因為我在通車前一直往返各站協調規劃，我知道大家期待的心情。那時候沒有留下更多紀錄，真的很可惜。」

葉日洋先生在我們三次見面的談話裡，
心心念念的都還是台鐵應該要更重視鐵
路文化的資產保存和推廣，這點他始終
都放不下心，覺得高層不夠重視鐵路文
化和歷史，讓他年屆八十還深感遺憾
「我最難過的就是太多東西沒有留下
來」。後來長居花蓮的他，也使力要推
動鐵道文化園區的設立。

39

詩人的大武情懷

火車來了，
我的家鄉終於要現代化了！

見證南迴通車典禮的人，還有一位台東詩人徐慶東老師，當時他在大武國中任教，通車典禮當天，他就是帶著全校學生到月台迎接火車的訓導主任，回想起當天的熱鬧讓他至今難忘。後來他帶著家人第一次搭南迴線時，也非常驚喜，「因為光是窗外的景色，就迷死你了，一邊是山，一邊是海，那個真的是覺得說人間仙境，太美太美了。」

當時徐慶東老師心裡覺得：火車來了，我的家鄉終於要現代化了！

沒想到事實卻正好相反。

其實鐵路對大武或是南迴沿線，可以說成也鐵路敗也鐵路。因為早期沒有鐵路，只有公路，公路站在大武老街曾經是非常的興盛繁華，光是一條街上有二十多家茶館和大小旅社，甚至還有「小北投」的稱號，就可以知道當時的熱鬧。

但南迴通車後，大家都坐火車，速度快又不暈車，東西往來的人不需要在大武下車了，於是繁華榮景也就沒了痕跡。

「鐵路我們講，就是一種進步繁榮，以為是繁榮，結果竟然是剛好相反，讓整個村莊沒落。再提一個最好的例子，那個金崙那邊有一個很漂亮的天橋，當時大家認為說，哇！好期待喔，這麼漂亮的天橋，一定可以吸引很多人。結果沒有想到天橋開通之後，整個的金崙部落，就漸漸沒落了，因為現在人追求快速，它如果可以在一個小時可以到達的，絕對不會想要拖延，旅客的目的地就是台東，所以它咻地就過了，從再也不會經過部落，那個部落裡面的 7-11，生意曾經非常好，沒想到當那個天橋通了之後，它整個生意也一落千丈。」

徐慶東老師談起南迴鐵路，總是百感交集，交通的快速便利，與家鄉的繁華不再，兩樣情他同時見證了。

徐慶東老師的分享裡，還有
一頁他父親經歷白色恐怖時
期的記憶，那也是揮之不去
的夢魘，都是他對大武小鎮
的記憶。

40

火車承載著一種鄉愁，
是讓我們離散又能聚合的工具。

火車
不只是火車

因為我們是南部小孩，所以陽光、大海
是我們最常接觸到的，但是台東的海跟
屏東就是不一樣，尤其這裡是黑潮經過
的地方，所以它的藍跟屏東的藍，跟淡
水的藍都不一樣，所以你只要來看的時
候，你會發現到，這個盛大的藍，藍中
有帶點黑，如果你仔細看的話，可能可
以看到蘭嶼跟綠島。

**一早坐上火車的時候，陽光從東方
出來，你看不大清楚，但是一片的
亮光都讓你無法忽視它，那如果你
往山裡面看，每一個隧道出口，都
會有不一樣的風景。**

尤其看火車從山洞出來的時候，面對著
大海，很像是一種節慶的歡呼。

以上這些心情，都是《大武山下的美麗
韻腳》作者傅怡禎老師跟我分享的心
情。我也在他身上找到了共鳴。

攝影／何駿毅。

　傅怡禎老師家住在屏東火車站的附近，從小就在火車站遊耍長大，所以火車對他而言，是一個既好玩的玩具，也是一個嚮往可以到別的地方的工具。他說：「從小我們在火車站鑽進鑽出，還可以到裡面去撿一些破銅爛鐵，然後拿去賣，賣完之後，我們小孩子就可以到糖廠去買冰來吃。所以我們小時候很喜歡在火車站附近，只要看到哪一個門沒有關，我們就設法混進去。」

火車是庶民生活軌跡最好的見證，越是速度慢的車，越是乘載了更豐富多元的在地生活和記憶。

長大以後，大家都離鄉，到各個地方讀書，那個時候火車對大家而言，就是一個離開很快樂，回來也很快樂的一個交通工具。因為畢竟你往外面的世界飛去的話，可以開展你的未來會很快樂，那如果你在那些地方遇到挫折，家也是最好的避風港，回家也是很快樂，「因此火車承載著一種鄉愁，是讓我們離散又能聚合的工具。」

對南迴鐵路最大的記憶，是在他當老師之後，那時候他在屏東教書，帶學生到綠島、蘭嶼去戶外教學的時候，才赫然發現竟然有這麼美的鐵道，南迴鐵路在他心中就產生了一個很美麗的印象。

「沒想到陰錯陽差剛好在 2013 年，屏東縣政府文化處有一個寫作計劃，希望記錄下沿山公路、鐵道，還有墾丁國家公園，我就選擇了我最熟悉的鐵道。後來又換跑道工作，在台東專科學校任教，我開始每個禮拜在大武山的兩端擺動，從屏東擺動到台東，再從台東擺動回去，所以每次坐火車的時候，慢慢地

火車的一扇窗，也可能是打開我們認識世界的窗，調整一下焦距，就能看見不一樣的東西。

對這條鐵道就產生了一個鄉愁的感應，坐上它很熟悉，要回家，要回哪一個家，台東還是屏東？

所以鐵道對於我而言，它是讓我認識這個世界的開始，就像馬奎斯的《百年孤寂》一樣，因為世界太新，我們沒辦法對那些東西有一些名詞的稱呼，所以我們只能用手指它，那鐵道帶進來的東西也是一樣。」

在日本時代，只要火車站所在的地方都叫黑金町，所以美軍轟炸最嚴重的地方也是黑金町，因為它是經濟文化重鎮的所在。「只要鐵道經過它都帶來新的東西，新的面向，造成新的衝擊，慢慢變成一股新的文化。」

和傅怡禎老師聊天，是一件很享受的事，我們可以天南地北的說著自己的發現和感受。火車，不只是火車，也讓我想到在二十世紀初，紀錄片創作形式正被許多攝影家和藝術家探索時，歐洲有一系列「城市紀錄片」的作品，其中最

經典的《柏林城市交響曲》，開場就是
一列蒸汽火車開進了城市，劃開了一天
的開始，城市動了起來……那部電影至
今仍是我在紀錄片課堂上常和同學分享
的作品。

南迴鐵路徜徉在大山大
海間，屬於他特有的風
情，是其他環島鐵路路
段沒有的氣味。就是南
迴特有種。

41

享受孤獨

孤獨，
也是一種生命態度，
和人生風景。
拍攝紀錄片的過程，
我們也像是走進不同風景裡的旅人。

南迴鐵路，很特別。自帶有特殊的氣場和與眾不同的故事，所以相較於繁忙的路段和功能性強的其他鐵道，它就顯得格外不一樣。這體會也是我後來才慢慢感受到的。

例如號稱南迴祕境的枋野站，它沒有載運旅客的功能，卻有派任站長跟副站長。當初設置枋野站的原因，是為了要監控枋野二號橋的風速測速器，因為枋寮到冬天會有落山風，落山風對火車的運行是有影響的，所以必須要監測風速。當然還有另一個重責大任，就是守護台灣最長的火車隧道——中央隧道的安全。萬一有列車交會，或是有號誌故障的時候，就是由枋野站來做控制。

「我剛開始來的時候，枋野站連電話通訊的訊號都沒有，只有鐵路電話通而已，一般的市內電話是沒有通沒訊號，手機更不用講，所以我記得有一次我們道班的同仁在隧道裡面作業，被毒蛇咬到，只能用鐵路電話趕快連絡枋野，然

後枋野再打鐵路電話給枋寮站，然後要由枋寮站去通知醫院。因為枋野站交通不方便，進來只有產業道路，經常也是中斷的，所以就只能趕快利用我們鐵軌上的工程車，把被蛇咬的道班人員趕快送出去，你看，這有多困難。」

跟我們說這故事的人是枋野站的站長李瑞祥，他很特別，待過大車站後，竟然還自動請調到枋野站工作。在枋野上下班只能依靠坐火車，一般載客列車是不停靠的，但會有兩班列車是為了載送這裡的鐵路工作人員而暫停一下，人一下車，就立刻開走。所以李站長還開玩笑跟我們說，在這裡工作是沒有遲到早退的問題，因為時間到你一定要來，時間到你也一定要走，如果遇到颱風火車停駛，他們就要繼續留守。

問他為何要自動請調到這麼偏僻的小站？他的回答很有趣，「我覺得蠻夢幻的，因為我來枋野站之前，在屏東站當副站長，那時候我有替班過枋野站，我就發現晚上睡覺的時候，都有青蛙叫，

享受孤獨，是南迴鐵道旅行帶給我最好的禮物，在都市裡寂寞的人很多，害怕獨處的人也多，能被群山大洋環抱，又有火車守護你進出穿梭，也是一種難得。

鳥叫聲，很多動物的叫聲，這在很多站根本聽不到，你外面聽的都是摩托車聲音，汽車吵雜聲。所以我很喜歡這裡，來這裡以後，我想要把環境再改好一點，把它整理得漂亮一點，弄乾淨一點，盡量可以改善它，希望有一天是真的成為美麗的南迴祕境，讓想觀光的人也可以搭火車來看一看。」

拍攝鐵道沿線的時候，我們經過枋野站也是無法下車，只能目視它的神秘，來來去去。第一次採訪李站長時，我們約在潮州，但我一直表明很想去枋野站看看，他當時就說我們也可以開車去，但路很不好走，通過溪床的產業道路，一陣大雨過後，有時候就不見了，一定要很小心。這樣的難關挑戰，大概不太能阻止我們前進，我們還是決定要走一趟。

從枋山進來枋野站有十二公里，沿著枋山溪走，一路蜿蜒，路真的很不好走，說是產業道路還是過於美譽，有些地方根本都是坑洞和碎石，要不是攝影師的

車子夠強壯，我們還真可能卡在半路進退不得。一趟上山驚險萬分，一趟下山半路輪胎就被刺破了。艱辛與危險，我們也算親自體驗了一遭。還有另一讓我們印象深刻的標語就是：「小心毒蛇！」在各個門板牆面上，都提醒著我們不要輕忽，雖然旅途上幸運沒有遇到毒蛇，但時時保持警戒的心情，也是讓人很深刻的經驗。

第二次我們再前進枋野，就不敢開車了。決定要跟著李站長一起搭火車上下班，因為他們是白天班和晚上班輪替，他問我們要跟哪一班？晚上吧！我說。

夜裡的枋野祕境，曾被李站長形容得那麼迷人，我們當然也要體驗一次。結果是真的很難忘。深夜、清晨，寂靜出塵，夜裡火車呼嘯而過的時候，甚至帶有魔幻寫實的情境，「我很喜歡在枋野站工作，有一種孤獨感，不是寂寞喔！寂寞不能選擇，孤獨可以！」這是李站長的註解，我也覺得挺真切的。

他在鐵路工作三十幾年，過年過節輪班是常態，「人家休三天，休五天八天的時候，我們都沒有這個機會，也是每次都要去工作，剛開始的時候會難過，好像自己全年無休，全家都回來很熱鬧的時候，好像只有我躲起來去上班。後來慢慢就習慣了，我老婆帶孩子常常出去外面旅遊，但是都少我一個。所以相片一看，孩子成長的照片爸爸都不在，像是沒有父親的孩子一樣。有我在的相片真的很少，除非請假，但又很難請，說出來又怕被別人笑⋯⋯」

孤獨，也是一種生命態度，和人生風景。

拍攝紀錄片的過程，我們也像是走進不同風景裡的旅人。

下頁第四章章名頁圖。
攝影／黃凱群。

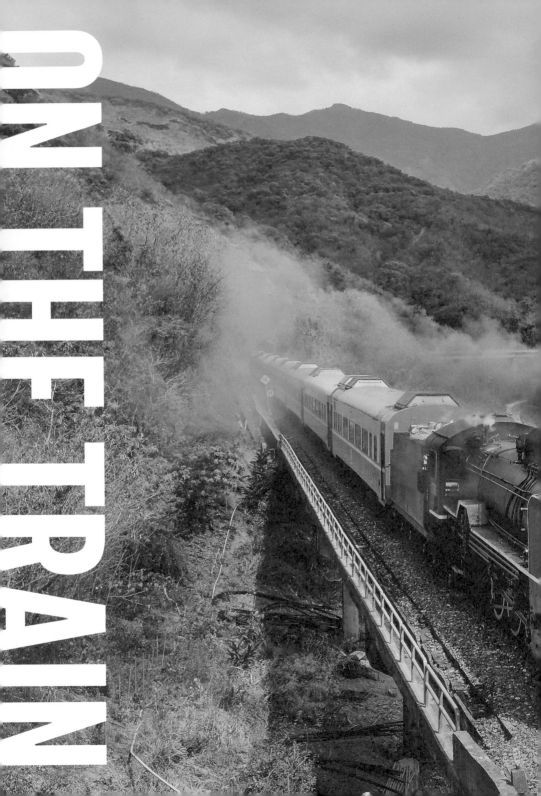

ON THE TRAIN

第四章

在南方時光列車上
我們相遇

42

跟一群鐵迷玩在一起，
有時想想也和一群電影人一樣，
為了一個目標，就是勇往直前，
就是要拍到心裡想要的畫面。

鐵道迷

在南迴線上來來去去這幾年，不只和很多前線鐵道員成為好朋友，也認識了不少傳說中的鐵道迷，這些帶著相機追火車的人，他們對火車的迷戀和執著，我完全望塵莫及。好幾次我弄糊塗了車輛編號和地景位置，只要截圖立刻傳給他們，不稍幾十秒，立刻就能得到標準答案，速度之快堪比谷歌大神。

我從觀察他們，到試著理解，而成為朋友，也是一個很特別的經驗。他們超愛火車，也喜歡用拍火車、分享火車照片來交朋友，多一點瞭解後，又會發現許多人「寄情」於火車的理由各有不同，但拍火車讓他們快樂，追火車、等待火車，和捕捉火車的專注對他們來說，可以是一種享受。

例如當初司機員何振宏帶我們拍火車時，他口中一直提起的高手何駿逸，尤其駿逸是住在屏東，南迴線他真是熟透了。因爲他外婆住在花蓮，所以小時候寒假、暑假都會從屏東到花蓮的外婆家去玩，搭南迴鐵路的感覺就是好漂亮，

拍攝期間，我們的攝影團隊彷彿也加入了鐵道迷的行列，追火車、拍火車、分享火車，也是一趟很奇妙的旅程。

後來有了相機，也有交通工具後，他就
開始拍火車。

「小時候覺得它漂亮在它的山海景，
然後接觸攝影之後，才發現連續隧道也
有它的美。」你說隧道部分，有它美的
地方，你可不可以形容一下？因為很多
人進隧道區，都是閉上眼休息。

「有些隧道它就是可以讓你感受到那種
一明一暗那種光影的美，尤其是拍攝的
角度，就像古莊連續隧道那一段，它就
是……我可以正對著隧道，然後可以看
到連續三層的隧道，火車從遠處過來的

有些火車大景，就是要爬高
一點才得以看見，以前沒有
空拍機，只能自己奮力往上
爬，拍攝鐵道紀錄片之初，
我沒想過自己也得跟著爬。

時候，就可以感覺得到火車一明一暗，一明一暗，愈來愈接近你！我覺得那個要親身體驗，才能感受到那種光影之美，還有那種近距離，火車出隧道那種震撼感。」

這段話我想如果自己早在十年前聽到，感受應該和現在截然不同，如他所說，真的要親身經驗才懂。尤其為了拍「追火車的人」，我們有段時間也跟著追火車，真是不容易啊！就如同另一位鐵道攝影資歷快十年的朋友黃凱群說，「拍南迴要涉水又爬山，甚至想辦法上隧道頂，那真的是蠻累的事情，就只是為了一個畫面而已。走果園然後還會被農夫罵，尤其是芒果在長的時候，他們最不喜歡人家進去果園，怕會被偷拔，你可能就要偷偷摸摸當小偷，趕快拍了就趕快閃了。」

現在想想那段跟著他們跑南迴線的時光，還真有趣，很專注的追尋，很專注地等待，在群山間還要很專注地聽「火車在隧道裡了……？快出來了！」然後

剛開始跟拍鐵道迷，我也不太能理解他們對火車的迷戀，慢慢的我終於發現了在他們每個等待和按下快門的片刻裡，眼睛裡的光……

我就要趕緊開機，而他們也會擺好備戰姿勢，當火車出現時，那一刻時空凝結，我們各自捕捉獵物「火車」，然後好好把它們收藏起來。也有等了半天，火車誤點，在山上只能一直發呆，沒訊號也不能滑手機，就是只能看山、看雲，等光、等火車。有時等到烏雲都來了，火車還是不來，還有等到山上變天了，大風直吹好冷，火車還是不來，然後就在你鬆懈時，它就突然冒出來，一陣驚呼，相機快門聲此起彼落……「你拍到了嗎？」大家問著。

「拍攝前，我們通常會先在網路找資料，討論這個畫面好像沒看過？我們就去研究這在哪裡拍的，找地圖，或者去現場找這樣子。大家互相討論的過程是很快樂的。對，尤其是在拍蒸汽火車走南迴那一次，前一晚我們全部人一起吃飯，討論動線，那真的是在追火車，還要討論哪個路線蒸機可能會放煙？這時候就要想辦法去問司機員，還有人會說可以請他們開慢一點嗎？」

跟一群鐵迷玩在一起，有時想想也和一群電影人一樣，為了一個目標，就是勇往直前，就是要拍到心裡想要的畫面，其實這樣的心情對我而言一點都不陌生。尤其拍攝南迴線的過程，遇到這群鐵迷好友，他們跟我們同樣想在南迴鐵路地景改變之前，為這段鐵道留下歷史，這點的心情是很接近的。

擠在小小的民宿餐桌上開會討論，是我們拍攝團隊的每晚功課，天一亮大家就各自分組出發追火車，時間到了要自己記得回來。

「我想拍的是南迴的美，可以給以後的人看到，因為我拍的都是沒有電氣化的時候，沒有電氣化的南迴，用三年六個月密集的拍，全部把它拍完了。就算現在雄獅旅行社他們有推解憂列車，行程

跟以前停的站一樣，但是它的景已經完全都不一樣了。」鍾益宏大哥在鐵迷中很好辨識，皮膚黝黑，總是綁著大頭巾，不認識他的人真的會以為他是原住民。鍾大哥會投入南迴拍攝，是因為他第一次搭乘藍皮車 3671、3672 走南迴後，回家原本很興奮要和家人分享，沒想到媽媽竟然突然倒地，立刻被送醫急救插管⋯⋯他就再也沒機會和媽媽說話了。那種心痛和思念，讓他後來全心投入鐵道攝影，他的電腦裡滿滿的攝影作品，依照年分依照拍攝地點分門別類，他說希望自己真的留下歷史了。

想留下歷史。凱群、駿逸也都這麼跟我說，「我們也想留下歷史，拍到那些即將消失的東西」，這麼說來，我們的心情是一樣的。

有天何駿逸很感性的跟我分享，「其實我一直在想，火車載的不只是人，或者是貨物，它其實就是連結人與人之間的情感，像搭火車去外婆家，其實就是情感的連結，有的時候收放假回家那也

是一個情感的連結，或者是到外地去上學，也有情感的連結。像我之前在鎮安車站拍火車時，就看到一幕讓我很感動，我看到的畫面就是，一個阿嬤她帶著她孫子，孫子我在猜應該是在外地讀書的，然後那天禮拜日下午，應該就是要收假了，她帶著孫子去鎮安火車站等車，然後車子來了，那個畫面那孫子看得出來，就是非常依依不捨，一直回頭在看她阿嬤，她阿嬤也捨不得馬上走，就是一直看著孫子，一直目送到火車離開……我是沒有拍下來，因為當下那個氛圍，我不想拿起相機破壞他們的情緒，所以我就在旁邊一直看，我覺得要看人生百態，火車站真的最多了。」

是呀！拍電影的人也是這麼想的。

我常想，如果不是投入紀錄片的拍攝工作，我有機會認識那麼多人，親耳聽到那麼多不同的人生故事嗎？

43

三代鐵道家族

榮譽感和使命感，
是我在紀錄過程裡，
遇到讓我感動的鐵道員身上
常有的氣味。

拍鐵道員的過程裡，有些事、有些價值，我是邊拍邊摸索，想試著理解，又不確定自己是否真的懂了。

例如「傳承」這種事，我真的是在拍攝之後，才知道有很多前線鐵道員，無論是司機，列車長、站務員等，他們都不只是一代人的鐵道工作，三代鐵道家庭在我的接觸裡有好多。他們提到父子傳承鐵道工作時的心情，是驕傲的，這點我一開始聽到覺得很特別。因為鐵道工作薪資並不優渥，早年工作時間長，司機員的排班時間更是不穩定，三餐也不能固定吃，失眠、胃不好的人比比皆是，為何還期待孩子接承衣缽？更何況這又不是家族自創事業。

坦白說，我這提問，通常鐵道員都回答得很含糊，甚至一抹微笑帶過，或許他們也未必自己好好想過。有時候和文化圈的朋友聊起這話題，他們對於台鐵的經營管理或服務態度有不同體驗，有人感動，也有人曾被一顆老鼠屎傷害過，就很難喜歡那鍋粥了，對於我提出這觀

左上圖：黃鈺清（左）向曾永財（左）致敬。

察，他們通常也很難理解。榮譽感和使命感，是我在紀錄過程裡，遇到讓我感動的鐵道員身上，常有的氣味。

懷抱著公眾運輸使命感投入鐵道工作，在日本鐵道職場，和從日治時期的台灣鐵道治理態度，就是鐵道員的職人精神，穿上制服就要守護旅客，一直到把大家安全送到目的地。

我想起司機員吳奇泰曾經跟我分享，司機的工作就像擺渡人，要安全的把旅客從甲地載到乙地，這才算完成任務。對有些人只是把工作當成數時間的勞力交換，這是完全不同的態度，台鐵員工遍佈台灣各角落，但這份職人精神，現在似乎越來越淡薄，這是可惜的。所以當我聽到三代鐵道家庭或父子傳承裡，還以傳承這種守護旅客的精神作為一種榮譽的象徵時，我是很尊敬的，也認為這是台鐵的寶。

曾永財是我在台東機務段拍攝的司機員裡，很瀟灑的一位，對他的第一印象，是怎麼有人收班後，在陽台走道抽煙斗，完全怡然自得的享受當下。認識他之後，才發現他身上有好多故事。原來財哥的父親也是火車司機員，我們三年前去拜訪曾老先生時，他已經八十八歲，還能精神奕奕地跟我們聊他從前開蒸汽火車時的點點滴滴，對他來說開蒸機才像是真的開火車，問他還記得怎麼開火車嗎？老先生毫不猶豫，立刻比出呼喚應答的手勢「閉塞 All Right！」當場讓我們都笑了。

財哥小時候五歲時，曾經被爸爸帶上蒸機，那時候他好崇拜爸爸，看著巨大的火車頭，非常震撼，回家後他就跟媽媽說，「以後我長大也要開火車。」然後這志願從來沒變過，他跟我們說，他的國小、國中同學都知道，他作文寫我的志願從頭到尾都是要開火車。

我們到他屏東西勢的老家拜訪曾老先生時，大家飯後聊天，談的話題都是鐵

蕭菊貞導演（右）與曾永財（左）和陳俊穎（後）鐵道員們留下合照。

路、火車，而且他們還跟我介紹，他們
也有三代了，因為曾大哥的兒子也考上
台鐵，擔任車長工作。老爸爸這時露出
了驕傲的神情，覺得很滿意，他說：「這
就表示他們認同我的精神呀！」

回到台東後，沒想到財哥跟我們說，如
果他女兒想考司機員，他也會很高興。
「啊？你女兒不是學音樂的嗎？」
「對呀，但是她如果想開火車也可以轉
呀。」聽他這麼說，我一時間不知該怎
麼回答好，只能傻笑。

後來有一次我和他的兩個女兒見面時，
她們跟我透露，爸爸曾經跟她們說，
「如果你們考上司機員，我就擺三天流
水席請大家吃飯！」說完，我們都哈哈
大笑了。

人生呀，每個人追尋的到底是什麼況味？
紀錄片後製期間，財哥生病了，必須暫
時卸下工作。我深刻的感受到他內心的
痛苦，只能祝福，很快很快的一切都能
恢復，變得更好。

我一直試著捕捉,在鐵道員傳承的驕傲眼神中,那份不一樣的光芒是什麼?他們雖然說不清楚,但我能看得見嗎?

44

蒸氣火車的拍攝考驗

蒸汽火車無論是
從造型設計到運轉時的聲音，
都像火車大神般無可取代，
不說鐵迷喜歡，我自己也超愛。

蒸汽火車無論是從造型設計到運轉時的聲音，都像火車大神般無可取代，不說鐵迷喜歡，我自己也超愛，就是那種只要有機會站在蒸機旁，就會自動變成小粉絲的那種崇拜！實在太美了，我真心這麼想。

但想要拍攝蒸機可就是另外一種心情，在拍攝期這幾年，我遇到了幾次蒸汽火車出任務，大多是 CT273，只有一次遇上了 DT668，他們分別是鐵迷口中的女王和國王。不同型號相比，自然就有秀雅和威武之分，但在我眼中，他們在鐵道上奔馳時，都是一樣豪邁瀟灑。

下頁圖：拍攝過程中，很感謝鐵道員們對我的包容和帶領，我學到很多，也看到很多，希望也能讓觀眾看到我們的收穫。

第一次拍攝蒸汽火車，是在花蓮，我跟上了一列從花蓮出發前往富里的特別行程，那天起了大早到花蓮機務段，由於蒸機車頭已經排了五個人，都是花蓮蒸汽火車小組的成員，已經很擠，我一直拜託再拜託能不能讓我們上去，至少一個人。後來終於讓我上去了。

蕭菊貞導演。拍攝蒸汽火車雖然凌晨三點就要開始準備，但心情還是很興奮。

平常拍片時，我們大多習慣穿黑色衣服，除了耐髒，也避免可能的鏡面反光等。

那天很熱，我一如往常穿了一件黑色短袖Ｔ恤，但讓我困惑的是怎麼蒸機小組成員全都是黑色長袖長褲把自己包得密不透風，我甚至還發問：「車頭有火爐會燒煤很熱，你們這樣不熱嗎？」

這一問，換來他們幾個人不約而同的用狐疑的眼神看著我。「車頭很危險，高溫又都是燒煤的塵埃，一定要穿長袖保護自己。」那一刻我真是覺得自己很笨。就這樣，我被分配到只能站在最角落，不能影響他們工作，也不能讓自己

蒸汽火車的機身，每一個機件都充滿了時間感和細節美。

有危險，身上的攝影機、相機，幾乎沒有什麼能伸展的空間。

火車啟動時，看著煤炭塊一鏟一鏟的被司爐送進火爐時，上頭的蒸氣壓力錶也開始有了動靜，這時真是讓人興奮。但不一會兒，我就開心不起來了，車頭真的好熱！空氣中滿是煤炭灰，汗流浹背也完全不足以形容有多熱！我這時又懂了為何出發時，要發給我們一人兩瓶水。真是熱啊！但還有更慘的事發生，就是空氣中太多煤火灰，我才拍沒幾顆鏡頭，鏡頭上就沾上了煤灰，那些煤灰都有油，不能隨便擦拭，這下可麻煩大了，因為我被要求不能帶包包上來，因為空間太小了。身上沒有其他設備和工具，於是只好放棄攝影機，換上相機拍攝……但又沒多久，溫度實在太熱，相機也發出高溫警示……那一瞬間，我的心頭更像是熱鍋上的螞蟻那般著急。「這下糟了！好不容易有這個拍攝機會，看來我要搞砸了。」

還好身上還有一個小玩意，就是手機，

遇見蒸汽火車，我毫無抵抗力的成為小鐵迷小粉絲，在機車頭裡，我禁不住想像有多少奮力前行的司機員在這裡揮汗工作，使命把旅客送到目的地。

蒸汽火車，是時代的印記，它的鳴笛聲、它的運轉熱力、它的造型之美都是無可取代的。

我立刻把拍攝設定調到最高階，二話不說，就以手機當攝影工具，繼續做記錄。那次的拍攝經驗，實在太難忘了。

之後當我知道 DT668 要走南迴全線時，自然不能錯過，立刻安排了七組攝影，車上兩組（車頭、車廂），空中兩組，還有兩組守車站，一組跟鐵迷。乍聽是很大的陣仗，但這就是我們要特別拍一列火車的人力，因為火車跑很快，一個定點只有一次機會，十幾秒就交會過去了，只能用人力賭它一把。

但人算不如天算，這趟我還特別請了資深攝影師，也是紀錄片導演的陳懷恩來幫忙，我希望讓他上車頭，彌補我上次的失誤。可惜最後我們竟然被拒絕了，因為還有其他新聞媒體也來拍攝，為了公平起見，台鐵要求我們全部都去坐車廂。坐在車廂如何拍蒸機運轉？我怎麼爭取都無效，因為 DT668 這次出勤是由彰化機班負責，都是我不認識的人，怎麼解釋都沒用，只能讓懷恩導演到後面守車等待，完全不能進到機車頭拍攝。遺憾，大概就是這種心情，那麼靠近

了，卻是一點都無能為力。

幸好近的拍不了，遠在天上的空拍成功了，在攝影師搏命演出追火車的飆車技能後，終於拍到我們要的畫面了。實在很謝謝空拍師李俊志，這真是紀錄下一段歷史畫面，國王蒸機這次的南迴行，讓輪圈受損了，未來要再走一趟南迴恐怕是很難了。其實這趟行程，對老國王號來說，就已經是不可能的任務，因為南迴沿線不是平路，上上下下的坡度很多，哪是老車頭跑得動，因此台鐵加了一點手腳，就是多安排一輛柴電機車頭在後面幫推一把，讓老國王可以省點力。現在回想起來，許多拍攝現場都像在打仗，前一晚團隊得在小驛站裡兵推，算計人力安排和鏡頭的拍攝可能位置，甚至還得研究放出去的組員要如何抵達？要如何回來？畢竟錯過一班列車，在南迴線可不是有趣的事，有些小站一天就只停幾班車，沒算準時間的話，可是一件大麻煩。

完成任務的此刻，真的只能說感恩了。

蒸汽火車的內部機件。

45

等了三年的
訪問

有些等待非等不可，
急不來。

想要和吳奇泰談談南迴搞軌案的事故過程和心情，需要的就是信任和等待，無他。其實他也知道我在等他，因為拍攝接近尾聲，他周遭的司機員故事我已經拍了很多，但我都不跟他開口要談那件意外。直到有一天他終於問我，「妳拍得差不多了？」

「還差一點……」
「一定要談嗎？」
「我希望可以，但還是尊重你的意願。」
「好吧！那只談一次，好嗎？」
「好！」

重大的意外創傷，需要復原的不只是身體，還有心靈。很多司機員只要遇到死傷事故，不少人就選擇放棄這份工作了，因為壓力太大。對於像吳奇泰面對這麼大的撞擊和傷害，自是不容易的關卡。

訪談那一天晚上，我等他下班後回家吃過飯了才到民宿，他到的時候，太太和

兩個小孩都陪著他一起來，大嫂一直叮嚀我們「不要拍到我」，我說好。其實跟他們一起吃飯聊天好多次了，知道他們一家人都很低調，不願多談，但其實是心還會痛吧！

拍攝時，兩個大男孩為了不干擾我們，躲到房間裡，吳奇泰的妻子則是坐在角落。那一晚，吳奇泰對我的提問，有問必答。包括事故前的狀況，還有翻車當下，以及自己重傷時的心情和恐懼。他情緒很平穩，更難得的是沒有一絲憤怒或怨天尤人，我甚至覺得有那麼幾個片刻，我眼前坐著一位修行人。

倒是原來保持靜默的吳大嫂，忍不住幫我們補充了當時危及搶救時候的狀況，她的工作是護理師，當下很清楚知道他先生被捲進翻落的車頭時，所受的重傷有多可怕，脊椎受重壓差點斷掉，手腳多處嚴重撕裂傷，唯一能活命的關鍵是他在翻車時抱起了自己的公事包擋在胸前。當他被救出時，救難人員說，真的好驚險，車窗外剛好刺進一根芒果樹的

大樹幹，就這麼直狠狠的頂住吳奇泰的公事包。也就是說，如果沒有那個公事包，那就完全是另一種命運了。

吳奇泰聽著這一切，僅是默默的點頭。對他來說，這場大意外，帶給他的人生一次大轉彎，有幾回在加護病房他快撐不下去時，都對生命有了不同的體悟，尤其不管在急診或是加護病房，生命的脆弱都是一瞬間。尤其他還經歷了疼愛他的父親在他好不容易出院的時候，竟然病倒了，送到醫院就再也出不來了，

吳奇泰的太太。遭遇重大鐵道事故，對前線鐵道員和家屬都是難以承受之重。能鼓起勇氣繼續承擔，是很不容易的一件事。

那段時間對他來說，真的是感受到強烈的無常感，於是他發願吃素至今。

他繼續說，「都過了，我現在就是把工作當回饋，人只要能好好活著，真的沒有什麼好計較了！不是嗎？」

是。

最後他太太幫我們問答了一題：「我一直到前兩年才敢問他，我說你是什麼力量讓你不會抱怨，然後情緒起伏也沒那麼大，滿特別的。」其實我們也想知道呀！

「然後他就說，就是小孩吧！他還需要把他們扶養長大，所以應該是這個力量讓他繼續撐起來。」

好好陪他們長大？
「嗯。」吳奇泰點點頭。

訪談結束後，他的兩個小孩也從房間出來。「不好意思讓你們等我們那麼久，

在房間裡會不會很無聊？」我故意逗逗
他們。

「不會呀，第一次聽爸爸說這些事，很
感動。」大哥說。

「所以你們都在聽？」
「對呀，爸爸和媽媽都沒有談過。」
「有讓你們更瞭解爸爸的工作和故事
嗎？」兩個大男孩不約而同地點點頭。

那一晚，對我來說是好特別的心情，我
何其有幸能被這一家人信任，並且和我
分享他們的生命故事。而且我能讓孩子
理解父母親的心聲，這對我來說也是一
件挺有價值的事。

46

好一句「不忍歷史盡成灰」，
會說出這句話的人，
都是懷抱著真感情之人呀！

不忍歷史
盡成灰

紀錄歷史的過程中，我很清楚像自己這樣一個拍紀錄片的人，終究是他人生命長河裡的過客，所以面對我不熟悉或不能有足夠理解的人事物，我會提醒自己不要太快去下評斷，或套用觀點。

因此我都常鼓勵很多年輕人，或自己手上有想說的故事的人，不要等待別人來記錄，自己如果能試著先整理出來，就算技巧不純熟都不怕，質樸簡單也有它的力量，真心反而更難得。

左上圖：張建忠為我們一一展示其收藏的鐵路物件。

在拍攝南迴故事的路上，我也認識了不少鐵道員自己本身喜愛火車，也會在下班時去拍火車、搜集火車的物件。其中有位馬世駿列車長，年輕的攝影助理曾經形容他是「神奇的馬哥」，馬哥很早期就投入鐵道攝影，在台北車站不只能看到掛著他名字的大幅火車作品，私下他也經營鐵道社團，非常活躍。在南迴西段的拍攝上，如果遇到了問題，馬哥經常就是我和攝影師要求救的對象。

馬哥長期拍攝南迴鐵路的紀錄，是我們很珍貴的資料，身為列車長，他對火車有比一般攝影師更多的情感。

曾經也有不少人問他，「你的工作就是
每天都在火車上，好不容易下班了，怎
麼還想繼續拍火車，不膩嗎？」馬哥就
會開始不疾不徐說起鐵道攝影帶給他的
回饋和榮耀感，那是無可取代的。也因
為他的瘋狂投入，讓我們在尋找南迴早
期火車行進的素材上，得到很大幫助。

紀錄片的拍攝在 2017 年開始，當時電
氣化工程已經展開，因為我們也無法長
期駐守在南迴，因此拍攝過程像是賭
局，這次拍到的，下次再來可能就不一

張建忠大哥收藏的鐵道文
物，看似殘破不起眼，在
他口中都是滿滿的鐵道歷
史和故事。

樣了，有些預計下次來拍，結果來不及了。例如：車站邊多了鐵皮工地、月台開挖了、鐵道上多了一根根的白色粉筆（電線基座）……等等，想要把全段近百公里的路徑拍下來，那恐怕也非我們的資源能力所及，也追不上。因此，馬哥早年的紀錄，對我們來說非常珍貴。

在台東機務段，我還認識一位退休司機員張建忠，他也是另外一位奇人，司機員工作退休後，他開始做木工，甚至還考到街頭藝人的證照，但一進到他家一定會被驚嚇，滿屋子都是「鐵道相關的廢棄雜物」，其實裡頭一件一件可都是寶貝。從日治時期的油燈，到檜木票箱，甚至是戒嚴時期的行李條（上面還印著反共標語），連木製急救箱、道班四十年前的臂章等等，他都收藏了。

我問張建忠大哥，哪裡弄回來這些東西呀？他可得意的，全都是他去各個廢棄小站、高雄港台鐵囤放廢棄物的垃圾場裡一件件找出來的。「有些東西甚至都在垃圾堆裡被埋起來了，我就去把他們

張建忠。道班四十年前的臂章。

挖出來，還有到已經廢棄的站房，在桌底下床底下都能找到寶，有時候甚至還有蛇在裡面，很恐怖！但我就是想要把他們留下來，讓以後的人可以知道以前鐵路有這些東西。」但他實在收藏太多了，也還沒力氣好好整理，有次他還問我知不知道哪裡可以幫忙？弄得我也跟著窮著急。

現在張建忠住在玉里，就在玉里車站附近，每次只要我們經過，就會去他家喝茶坐坐，有一回他又介紹我認識另一位也碰巧到他家喝茶的朋友，他是花蓮的退休司機員鄭仁崇。鄭大哥和我分享了一本他自己採訪編輯的書《台灣後山鐵道風華》，我看了非常感動，因為他是司機員，深知這工作的巨大壓力和不為人知的甘苦，於是他開始利用自己的時間去尋訪老司機員，為早年的花東鐵道故事留下老照片和見證，內容非常精彩（很推薦要看）。細膩敏銳的他用心搜集的資料，現在看來都是非常珍貴的鐵道歷史，讓我非常佩服。那天午後，從張建忠和鄭仁崇大哥口中又聽了好多故

事，鄭大哥現在幾乎是全心投入鐵道文史寫作，我問他為何提早退休？才知道原來他經歷過一次死傷事故，那個陰影讓他始終無法忘懷，長期的精神壓力讓他失眠益發嚴重，於是只好申請退休。

「妳知道嗎，就在昨天晚上，我都退休十年了，竟然還夢見我在開火車，一直開一直開，然後前面沒有路了，我就被嚇醒了！」
現在還很怕嗎？我問。他點點頭。

鄭大哥當年是開 1052 次 自強號從花蓮出發，全速運轉到和平剛好是上坡，時速八十五公里，剛好在上坡的時候，一位老人突然從電線桿後面跳出來，應是刻意要尋短，當時他看到後根本來不及煞車就撞上了。

「我們輾到人的時候，也很驚嚇，那個精神整個都是錯亂，後來還要從和平開到樹林，還要開將近一百五十多公里的路程，我那時整路都在思考，等一下我怎麼辦？因為發生這種事，再怎麼樣我

下頁圖：車廂內全景。

們都要被偵訊，那是很可怕的，雖然火車就是走在鐵軌上，是人闖入，但還是有法官會問你，為何應注意而未注意……那種心理壓力真的很大。」

這也讓我想起曾經搭過一列遇到臥軌事件的列車，那趟後續的行程，我坐到暈車，因為司機員邊開車又一直踩煞車，我想他應該是被嚇到了吧！這次聽到鄭大哥的心聲後，更讓我確認當時的司機員一定是處在極大的恐懼裡。想想都退休十年還會做惡夢，是多麼深層的夢

每一個鐵道物件，都有收藏者的深情，一張老票卡，一顆紀念印章，都有說不完的故事在裡頭。

魘。很多人說高鐵司機比較優秀，鄭大哥很不以為然，他說：「高鐵是單一車種，單一路線，無障礙空間，我們台鐵的路線很複雜，車種又多，還有平交道多，行人穿越也多，所以說，這是人嚇人才會嚇死人，常常就因為突然之間有人闖越，我們煞車都來不及……」

如今他將自身的傷痕情緒，轉移到對鐵道文史的保存上，真是很不容易。許多鐵道員他們的專業背景和對火車鐵道的情感，也是我們這樣的外來紀錄者所無法比擬的。

「就一句話，不忍歷史盡成灰！因為沿途在看，新舊交替的時候，台鐵是以破壞拆掉最方便，以前還沒有文化資產的觀念，你說台鐵已經虧本，你要叫它無償保養的話，真的也是太苛責，所以說，看著這些老東西在無聲無息之中消失，我感覺應該要把它紀錄起來。」

好一句「不忍歷史盡成灰」，會說出這句話的人，都是懷抱著真感情之人呀！

47

在南方時光
列車上
我們相遇

我想留下的也不只是
老火車的最後身影，
不只是南迴鐵路樹立電線桿前的
美麗地景，更多的是我想找回
我們和火車之間的故事，
找回台灣集體的鐵道成長記憶。

很多人聽到我拍南迴鐵道的故事，總會直覺地說，「妳去拍藍皮火車喔？」再加上鐵迷說它是小叮噹，作家劉克襄形容它是解憂列車後，藍皮普快車更是爆紅。若是你看過紀錄片，或是這本書看到這會兒，應該可以幫我回答，蕭菊貞拍的不只是藍皮火車。

經歷過這五年多來南迴之旅的淬鍊，我更喜歡的說法是，「在南方時光列車上，我和我的青春相遇。」面對即將改變或逝去的東西，惆悵感嘆之餘，我們會更想去留住一絲記憶。在南迴電氣化前夕，我深深的感受到這一點。

停駛的豈只有藍皮普快車，在我們的製作過程裡，復興號、柴聯自強號，甚至是部分的莒光號列車都已走入歷史。我想留下的也不只是老火車的最後身影，不只是南迴鐵路樹立電線桿前的美麗地景，更多的是我想找回我們和火車之間的故事，找回台灣集體的鐵道成長記

蕭菊貞拍的不只是藍皮火車，也側拍記錄下工作人員的身影。

憶。這部分的急切感，我在同為紀錄片導演的曾吉賢老師身上找到共鳴，他除了在南藝大教授紀錄片創作外，也是道道地地的鐵路文史工作者，尤其他對糖鐵文資保存所投入的心力更是我所佩服，而這一切的因緣都來自於他的父親。

曾吉賢的父親曾文山先生是台鐵四十多年的退休站長，吉賢從小就是在充滿鐵路故事的環境裡長大，「家庭有一個人在鐵路局，那相關的親朋好友很容易就

民眾趕來和 2020 年 12 月 22 日最後一班藍皮普快列車道別。

曾吉賢長期對鐵道文資的保存和守護，有著超越學者的用心用情，這都來自於對父親的愛。

進來鐵路局。因為長輩就會談這些鐵道的事情，或者是一些很有趣的故事，那你浸淫在那樣的環境裡面，你感覺好像自己也在鐵路局上班。」吉賢和爸爸的感情很好，小時候他父親在一人車站守夜時，他還會去陪爸爸一起睡，長大後甚至一度也想投入鐵道工作。對他來說，無論是父親穿著制服執勤時的身影，或是他沾染著來自火車上的味道，亦或是瘦弱的母親必須為了貼補家用而去賣木炭，這都是鐵道文化記憶裡的印記。

曾文山老先生的好人緣和正直性格，一直為在地鐵道員所稱許，和他聊起四十年鐵道生涯，豈是一個夏日午後能說得盡……

有一次我和他聊起想藉由紀錄片放映的過程，徵集大家的火車站老照片和火車記憶，沒想到他竟然也在之前提過類似計畫，有志一同談起來甚是愉快。

「以前搭普通車是非常庶民的，包括有相親座、情人座的那種概念，然後高中通車就故意把包包壓得很低，情人座就會覺得看看可不可以坐在女生旁邊，都是很有想像力的一個空間，現在沒有了。我們失去的不是只有這些老火車不見了。我覺得是人跟人之間的距離跟關係不見了。」

怎麼重新找回這份溫度？

說真的，我在拍攝藍皮普快車的經歷裡，最開心的時光是在那個火車空間裡，人和人之間的相遇，可以那麼靠近，彼此信任。例如，平常車廂裡人雖然不多，但遇到都可以隨意聊天，甚至我們還會互相分享包包裡的零食（完全是郊遊的心情），說著自己來自何方，要去哪裡……

所以我也很喜歡曾吉賢老師說的一句話，「你用什麼樣的速度坐在火車上，就是用什麼樣的速度看台灣。」

普通車很慢，好像也能把我們混雜焦躁的心拉回來一點；普通車很慢，好像也能讓我們找到縫隙回到過去，與我們的青春記憶重逢。

拍攝南迴的故事，我想……不是難回，而是給我機會找回了自己。

隨著紀錄片製作接近尾聲，好像一段旅程也即將到站，該下車了？還是要繼續坐下去？這不是詩意的提問，而是一種生命態度的選擇。

下頁終章圖。攝影／黃凱群。

看著曾吉賢拿出的歷史文件和手稿，實在太豐富了，尤其關於糖鐵的文資內容，讓我大嘆不如，我好幾次一直勸他也把這些故事拍下來吧！

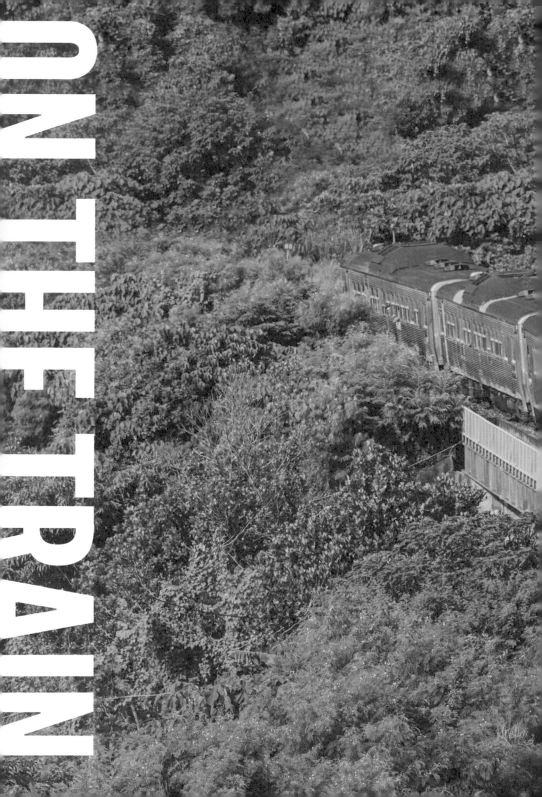

終章

後記

鐵道大神！

電影拍完，並不是旅程的結束，我還希望這些故事能讓更多人知道，看見。因此發行上映是不得不的決定，雖然我就創作年資上算來資深，但對於商業發行經驗，完全是菜鳥。因此，除了籌措因為拍攝過程不足的資金缺口外，又得再加一筆發行上映的資金成本，壓力越來越大……牽猴子電影的總監王師建議我走群眾募資的路，一方面可以宣傳，也能同時補上資金缺口。

如何被看見，也是一門學問。群募過程裡，拍了一支短片讓我說創作理念，也貼了十數篇短文，想讓大眾更瞭解我們的故事，我必須懷抱著愚公移山一樣的心情，不能怕不能害羞，就是要一直說、一直說。最後讓我感動的事發生了，不只是民眾贊助進來，也開始有人跟我分享他們自己的鐵道故事。其中我的創作理念短片釋出後，就收到一則動人的留言，那位朋友告訴我，當她看到我們影片中，黑夜鐵道工程畫面裡出現她父親的身影時，她在電腦前哭了好久，她細數在成長記憶裡，父親以鐵道工作為使命的態度如何點滴影響了她，讓她也開始追火車……也有年輕人來訊息告訴我，「導演好，我就是你劇照上那群年輕學生裡的一個，當時是我們在畢業前夕，好朋友約好一起火車旅行……」還有陸續有很多朋友們也傳來訊息，分享了在火車上他們難忘的成長經驗……

感謝大家！我都看到了，點滴匯聚的故事，藉由火車的運載和鐵道的環

繞，凝聚我們身處在台灣庶民生活裡的一頁共同記憶，這就是文化積累的養分呀！

但是否一切就此美好順利呢？現實人生顯然無法像童話故事，找個節點就畫下完美句點。我的考驗仍是一波一波襲來，身心都面臨試煉，其中有件事我也想留下紀錄。

關於寂寞、孤單，那是我在南迴鐵路上穿梭拍攝時，不時會飄進心裡的一種共感，一開始我以為是火車老舊，以為是搭乘人數少，甚至以為是我個人的心情，但後來我慢慢發現……還有。

那是一股難以形容的哀傷，像一陣微風，偶爾當我們在山中、在海邊等待火車時，這股感傷就會靠過來想和我打招呼。當募資活動快要結束時，影片也進入了最後修片階段，這感覺越來越濃，甚至濃烈到讓我難以入眠，心頭也一直覺得被牽絆著。說也奇怪，同時間也連著好幾個不同領域的朋友，都來勸我換片名，說這紀錄片的片名要再考慮……。現在回想起來，那真是一段精神混亂時期。後來在好友的介紹下，我和一位民間高人見面，他為我占卦……那個午後是很難忘的震撼和當頭棒喝。「你們都沒祭拜呀！那能在大山裡平安完成拍攝真是不可思議！」高人說，我一聽當下也愣住了。

「我們就一直跟著故事走，人和故事一直來一直來，我就一直追一直追，真的沒想太多！」他看著我苦笑。後來，當我在卦上看見了有一群大神在守護著我們時，內心受到了很大的震撼。

「有什麼是我現在該做的嗎？」我問。
「不只是寂寞，祂們還有想表達的。……導演妳要再去一次，跟祂們報告你們的進度和方向！」

一時間，我有點空白，「去哪裡？南迴那麼長，將近一百公里呀！」
「去看得到大山，看得到大海，也能看到火車的地方。妳現在想到哪裡？」

……那我大概知道了。

一週後，攝影師老傅陪我去了一趟台東，在地的朋友宜桂也開車來幫忙。「要去哪裡？」朋友問，往大武方向開吧！我們邊走邊看。其實我這時候真的是憑著感覺走，我相信如果這是一股召喚，我會知道該去哪裡。最後我選擇在一個能看見大山、看見大海、看見鐵道火車的地方停了下來。那是在大鳥部落附近的濱海公路上，不知為何心裡就是知道「就是這裡了」。

我們走進大鳥溪畔的產業道路，遠遠的就看見遙遠處有一個圓形的平台，我和攝影師說，「就去那邊吧！若要祭天、祭鐵道大神正好有個桌面……」，沒想到靠近後才發現，那個圓型平台不是矮桌，而是裝置藝術家吳思嶔的作品。〈名字嗎？我有很多個〉當我看到說明立牌上寫著這作品名稱時，可以說是完全嚇呆了！「你怎麼知道我在找名字？」我心裡想。

更難思議的是，那個大圓盤竟然不是矮桌，而是作品本身（如右圖），上面刻著象徵矮黑人的圖騰。原來這山裡曾經有著台灣原始的矮黑人傳說，在排灣族的長老口傳歷史中，就在我們現在站的位置，是祖先曾經看過他們的遺址……我實在很難形容當時的心情。默默地，我們把要祭拜天地的物品擺在一旁，倚著大山，面對著高架鐵道和太平洋，我開始大聲說出：「感謝山川神靈對我們拍攝過程中一路的護佑，還有鐵道大神的引領……」就在我說出「鐵道大神」這句話時，正巧一列普悠瑪畫過我們眼前的高架鐵道，一旁的攝影師忍不住驚呼！「這太……」。

我知道這可以是純屬巧合，但身處在那刻時空裡，實在很難不為這巧合
感到驚嘆！

那天從中午一直到傍晚五點多，我一直站在那兒，在山風、海風不斷地
吹拂下，突然領悟了一件事：感受到「寂寞、孤單」是真實的情感，但
「不想被遺忘」或許才是呼喚。

離開前，我用特別帶來的小筊杯開始擲筊，請問我片名該怎麼調整好？
有趣的是，我把團隊們苦思出來的新片名一一請示，結果怎麼問都不
成：無筊。這讓我一度懷疑這個木頭小筊杯是否製作不良？實在不知道
該怎麼辦時，我甚至忍不住說，「大神啊！你有很多名字，給我一個
吧！」還是不行……

最後，我突然閃過一念，「是不是不用換名字？祢們只是想告訴我，不只是孤單不只是寂寞，是不想要被人們遺忘！你們是島嶼南方的山靈，你們是守護鐵道的英靈！是這樣嗎？」奇蹟出現，我竟然擲出連續聖筊，當時身心的震動真是無法形容。

記下這段故事，如果有讀者覺得太不科學，我也只能微微笑，你們就當是看故事吧！但對所有拍電影的朋友們，大概都知道走到哪拍片或開鏡時一定要敬拜天地，我拍片幾十年遇到大大小小事也不勝枚舉，只能提醒自己要保持單純虔敬的心。

回到台北後，電影發行王師跟我通電話，說「現在院線有一個不錯的檔期是六月九日，導演要不要考慮看看？那段時間都是好萊塢大片，排片很不容易，雖然學生還差一週才放暑假，但是我們也可以拚拚看！說不定能在商業片中擠出一條路。」

我聽了有點猶豫，很擔心自己有辦法和《玩命關頭》這樣的片放一起上檔嗎？但想想也沒退路了，就答應吧！

又過了幾天後，我和台鐵的翁惠平大哥通電話時，告訴了他這訊息：六月九日《南方，寂寞鐵道》全台上映！希望他也能多幫忙我們宣傳，畢竟紀錄片發行資源實在太拮据了……結果我話還沒說完，他就驚呼：「導演，那天是鐵路節耶！」

鐵路節？真的嗎，六月九日？隨即他就把維基百科鐵路節資料傳來給我看，我看著手中的手機畫面，一時間真的不知該怎麼想這些事。心裡只有無盡的感恩。

我會打起精神，鼓起勇氣，繼續前進 All Right ！

火車鳴笛時……

我有兩大段落的拍攝畫面，後來沒有選擇放進電影裡，就是宜蘭普悠瑪事故後，台東傷者的故事，和太魯閣號花蓮事故現場。當然也包括兩場意外後，全台火車司機員自發性發起的火車鳴笛追悼活動。

由於五年來拍攝素材非常多，剪輯階段真是種磨難，我想許多紀錄片導演一定能感同身受。取捨間，捨與不捨都難。

普悠瑪事故後，我因為協助沈邑穎醫師在台東發起為幫助傷者和家屬的義診活動，而認識了當時卑南國中校長游數珠，這機緣讓我認識了更多的傷者。由於火車事故時瞬間的激烈撞擊，很多傷者事後都有暈眩狀況，和驚嚇後睡眠障礙的身心問題。我在義診現場看到很多是卑南國中的孩子，很心疼……

後來再發生了花蓮太魯閣事件時，剛好我人在花蓮，毫不猶豫在第一時間就帶著攝影機從花蓮直奔事故現場，台北的工作人員也立即從台北出發（但當時整個蘇花公路湧入大量救援車輛和媒體，大塞車）。現場的震撼和創痛，該怎麼形容啊！至今難忘。

尤其在現場拍攝不多久，鐵道好友就傳來隧道內的救援畫面，實在難以卒睹。看著照片完全無法掩住悲傷，尤其是看到被削掉一半的車頭，和

殉職的司機員……我們團隊紀錄了一天一夜的救援現場，太多難以承受的心碎畫面，還有救難人員不停歇的搶救過程。對於怎麼說這些故事，我一時間也還沒頭緒，當下只想留住紀錄，不能多想，想多了就無法繼續。整夜在現場穿梭，除了聽到救護車鳴笛聲不停，和救援人員來回奔波外，另一種心酸是看著這列太魯閣號的車燈一直沒有熄滅，甚至車廂邊的跑馬燈還繼續亮著 408 車次前往台東！

我心想，誰來告訴火車和司機員，任務完成了呢？我忍不住想起在富岡機廠和葉時進的對話，火車是有生命的。

不久，我接到了台東司機員何振宏的電話，他告訴我可以打個電話給哲豪（莊哲豪，台東機務段年輕司機員），他就是 408 車次預計抵達花蓮後，要接班開往台東的司機員。火車出事點到花蓮站約莫十分鐘，事發當下，哲豪已經在花蓮站的月台上等交接班。

哲豪後來在電話中告訴我，當時他在月台上看到火車時間表的跑馬出現「誤點」，一開始他以為只是一般小故障，沒想到後來誤點時間竟然延長了。正當他感到有一絲不對勁的時候，電話響了起來，是花蓮機務段通知他趕快回到機務段車庫，太魯閣 408 車次無法到站了。就在哲豪趕緊跑回機務段車庫的路上，手機一邊就看到鐵道夥伴們陸續傳來太魯閣撞車的消息，「蕭導，我當時好難過，真的不騙妳，再十分鐘，再十分鐘車子就可以抵達花蓮站交給我了。後來主任叫我趕快開一輛普悠瑪出庫，接 408 車次花蓮旅客往台東，那時候我看到的訊息越來越多了，尤其是隧道裡太魯閣車頭的照片，我哭了……一邊開車一邊發抖，我從來沒有開火車的時候，手竟然止不住在發抖，真的。」我當然相信是真的，在電話裡，哲豪的聲音也還在發抖呀！

掛上這通電話後，我的心情也久久難平復。後來在電視新聞裡，接連好

多天都是現場搶救新聞，還有很多罹難者的大體找不到，家屬招魂也招不回，有一次我看到太魯閣號殉職司機員的姊姊在現場哭著對弟弟喊話，意思大致是：當火車司機員是你的夢想，你熱愛你的工作，總是希望把旅客安全送到目的地，弟弟，現在任務結束了，你也要幫忙把乘客帶回來！……

看著這則新聞，我忍不住掉下眼淚。於是，當全台火車司機員發起在事故時間 9：28 分那刻，所有行進中火車共同長鳴笛來追悼這次事件時，我就立刻在臉書上發起求幫忙訊息，希望各地有朋友能幫我記錄下這一刻，不管你是在火車上、月台上、路邊都好。很感動，我收到了很多回覆，也有很多人真的用他們的手機、相機拍下了那一刻，雖然狀況很多……提醒大家要拍橫畫面，結果忘了；還有鳴笛響起才開始錄；甚至有人緊張到手一直抖；還有人抱怨為何我的火車沒有鳴笛？……大家真的好可愛又好認真。

然而此刻，我只能跟大家說抱歉！在這部紀錄片中，我和剪接師陳博文討論了很久，也嘗試了，要把這些故事放入片中，除了長度與結構有困難外，我一時還不夠堅強，也不知如何找到好的敘事線來說這些故事，所以最後還是決定先暫時放下。不過暫時放下並不是遺忘，所有拍攝檔案我都留著，不會刪除，或許有一天我還是可以再說一個故事。

如今能藉由這本紀錄片的幕後電影書來和大家分享這些故事，也算是釋放了一點我心中的慚愧。

2017 年 7 月開始拍攝，到 2023 年 6 月全台上映，整整六年。期間有太多考驗，說多了像抱怨，而「記得」是為了讓自己不要忘記在這一路上幫助我們、支持我們的朋友們！感謝大家，我們一起留下故事。

我的火車拾光

文 | 沈邑穎 醫師（《南方，寂寞鐵道》監製）

大約六～七年前，某天在花蓮火車站的月台上，我和蕭導一起等火車，但方向截然不同，她往北，我往南。當時我們都是火車重度使用者，望著南來北往的列車，蕭導若有所思的說：「我想拍一部火車紀錄片，記錄在火車上的故事！」後來因緣際會，我介紹台東病人在鐵路局工作的張統明先生與蕭導相識，從此展開長達五年的追火車歲月。

這期間因為工作忙碌，我只跟拍過一次，跟著大家佇立在豔陽下的山坡上，靜候列車通過，抓住剎那的動感，拍攝團隊無怨無悔。由此體會紀錄片工作者的認真與辛勞，還要加上持續燃燒的熱情，方能拍出這些鐵路人、鐵道迷、乘客與火車的故事。

我也有童年時期跟著爸媽搭夜車返鄉的記憶：在擁擠的人潮中，被從窗戶塞入車廂；收入不豐的年輕父母，為了省下車票錢，要求我們縮小身體在椅子上裝睡，希望躲過查票員的慧眼，無奈最後結局都是補票了事；火車進入隧道後，車廂內昏暗的光影宛如鬼片場景；打開車窗享受微風的代價是換來一臉的黑炭；火車上充斥著各種聲音和味道，如火車的鳴笛聲、小孩哭鬧聲、乘務員高超技術的泡茶叩杯聲，家人準備的各式餐點味道……，都形成自己對於火車的人生印象。

火車所連結的不僅是記憶，還有濃濃的人情，月台上時刻上演的人生故

事，無論是重逢或離別，都讓人動容。在東部工作十年，尤能體會東部人對於火車的依賴。在那條蜿蜒在山海之間，孤寂的鐵道上，承載著東部人開創人生的夢想與返鄉省親的溫柔。

火車也有它悲傷的故事。2018 年普悠瑪列車發生意外事故，這輛列車由台北開往台東，傷者多數都是台東人，所以我發起長達七個月的中醫義診，邀集專業及愛心人士，陪伴台東人走過身心的創傷。

2021 年太魯閣列車意外當天，我和蕭導的拍攝團隊趕到現場，看到倒臥在鐵軌上的列車，從黃昏到黑夜，車廂外的跑馬燈仍持續出現「往台東」字樣時。身受重傷的列車彷彿還在掙扎，不願放棄護送大家平安返鄉的職責，那一刻我紅了眼。我相信火車是有感知的生命體，無論是普悠瑪或太魯閣出現事故時，它們也會傷心，也還想努力完成使命。這就是火車給予我們的信任感與責任感。對於火車的情懷是人類所共有的，猶記 2022 年出席釜山影展的全球首映，開場的畫面是東部海浪聲加上火車鳴笛聲，雖然已經看過數次，我依舊感動落淚！首次跨出醫療界，擔任紀錄片監製，應該空前絕後了！醫療是掌握個人身心歷史的專業，而紀錄片是掌握一段人事時地物歷史的專業，不謀而合！

五年拍攝時光所記錄的內容非常龐大，無法全部剪入影片中。幸好蕭導將拍片歷程以及未能於影片中呈現的故事紀錄在書中，讓我們得以搭著順風車一起體會這段屬於台灣人的火車故事。

隨著鐵路電氣化，許多列車都退役了，車站也都有新面貌，我們很欣慰能及時紀錄珍貴的身影與故事，也為未來的台灣人保留這一段美好時光的記憶。

列車即將啟動囉！請趕緊上車吧！一起享受屬於我們的鐵道時光列車！

附錄

南迴鐵路全線橫縱斷面圖

感謝薛文城先生提供

全線五十張南迴大圖是當年的工程師們實地探勘，完全手繪完成。附錄依序編排，自南迴起點枋寮站編號 01 開始，至編號 50 抵達終點台東站，全線珍藏保存，一張不漏。

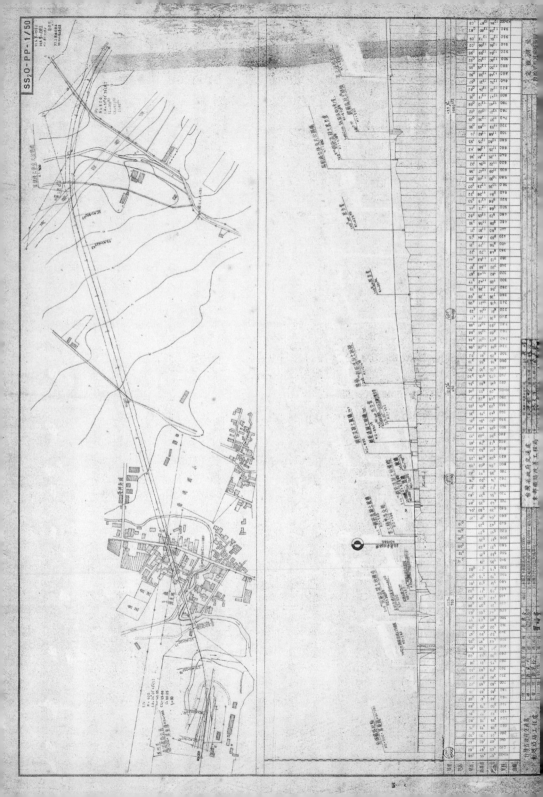

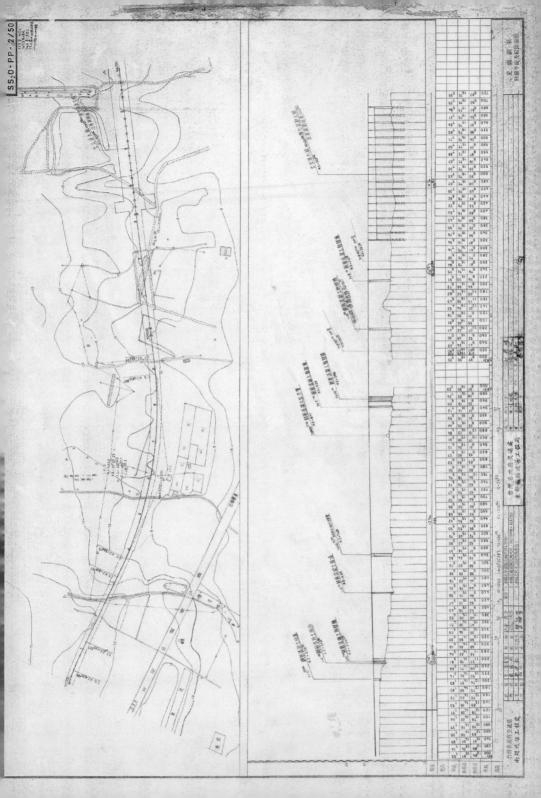

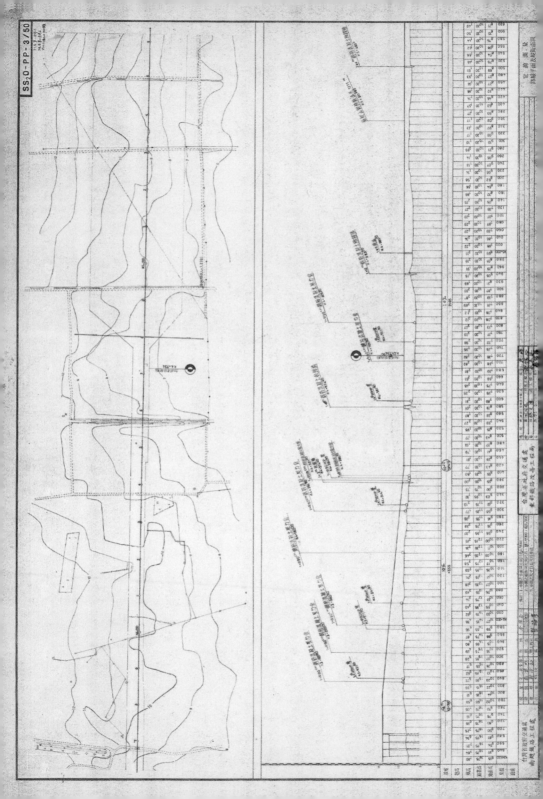

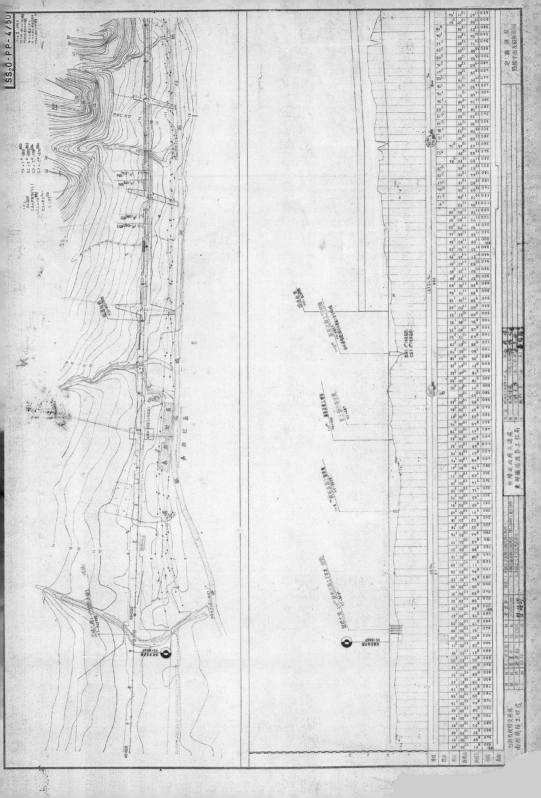

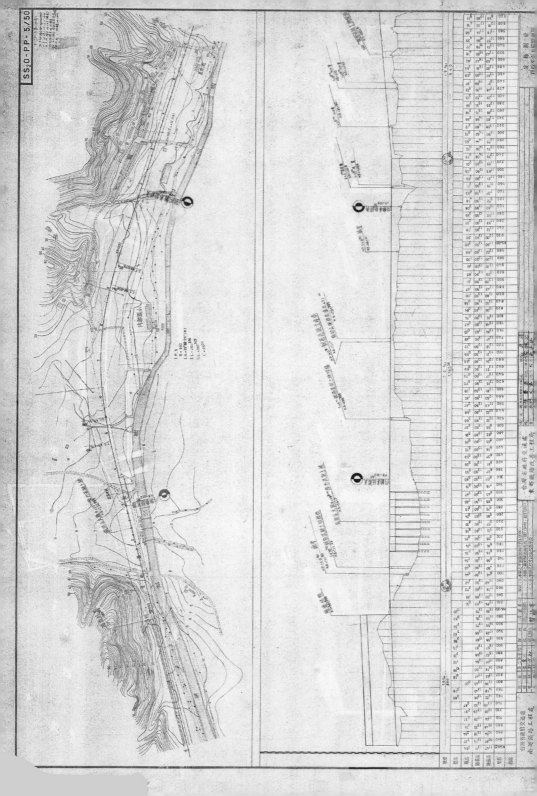

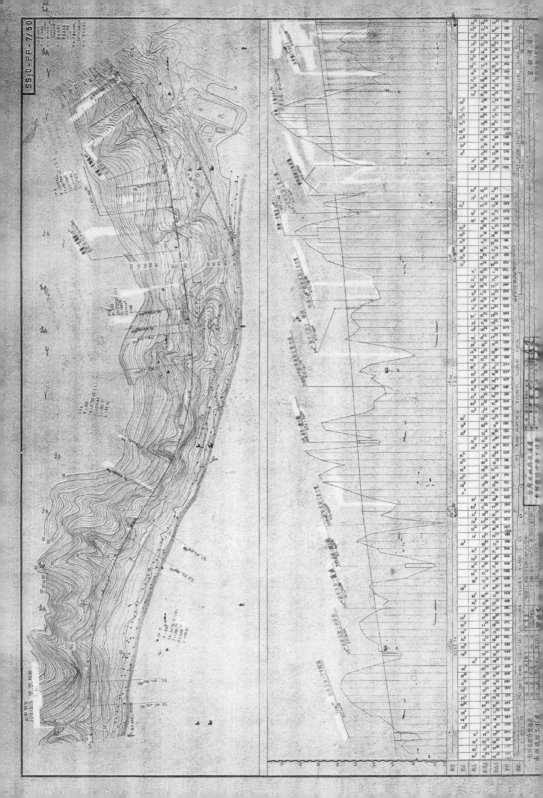

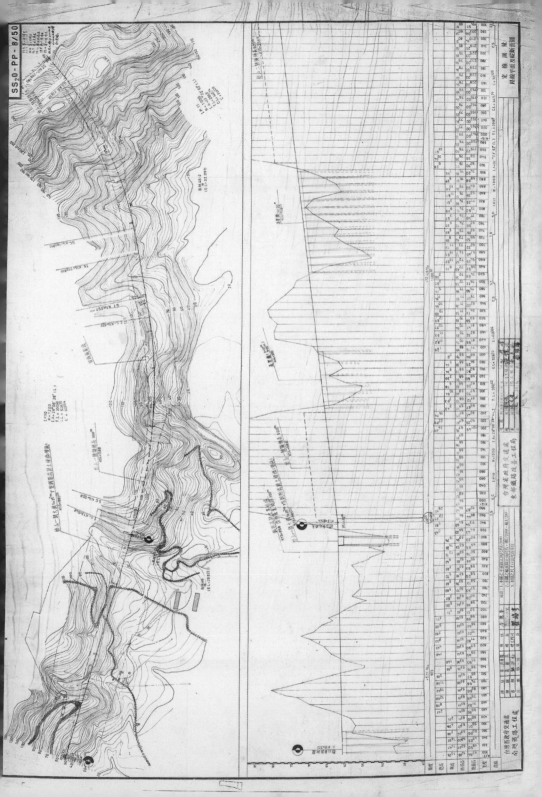

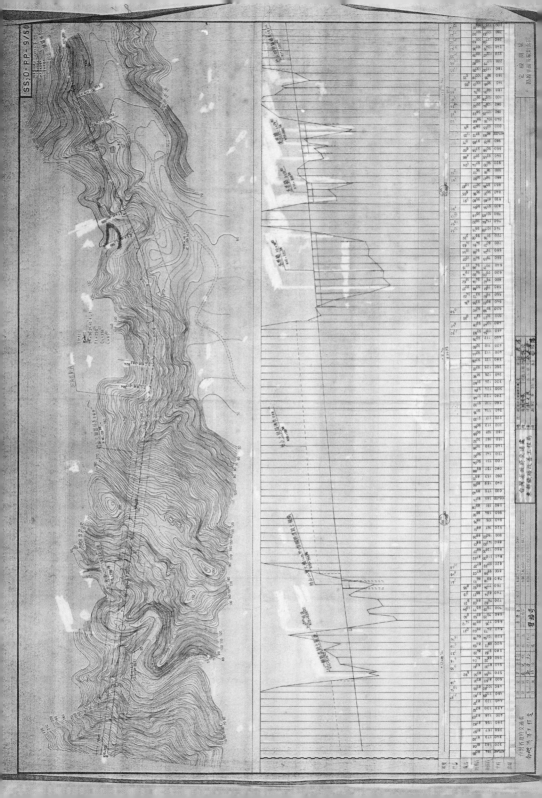

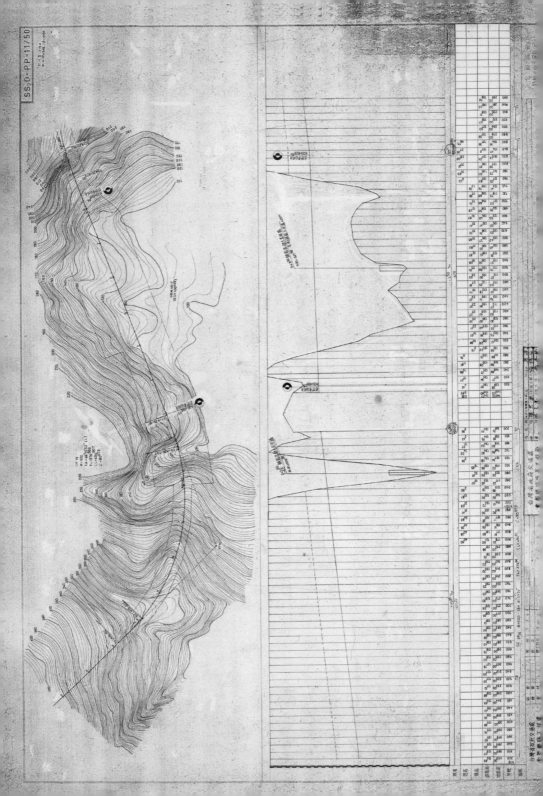

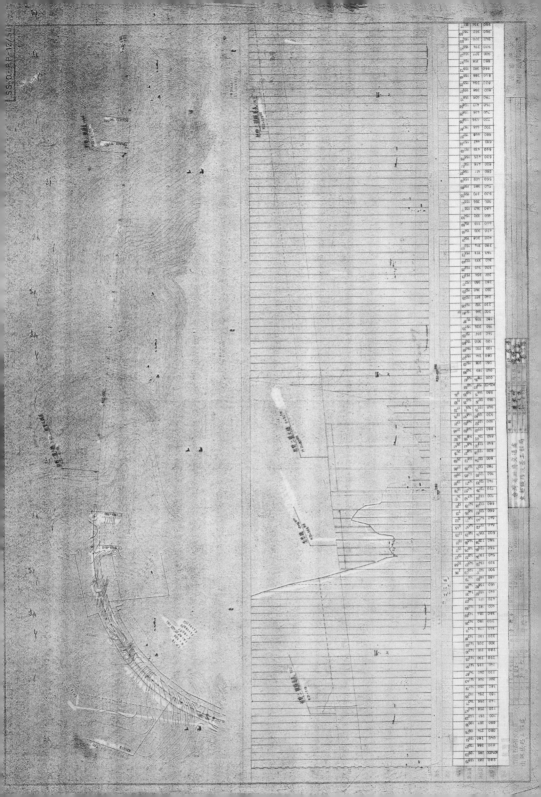

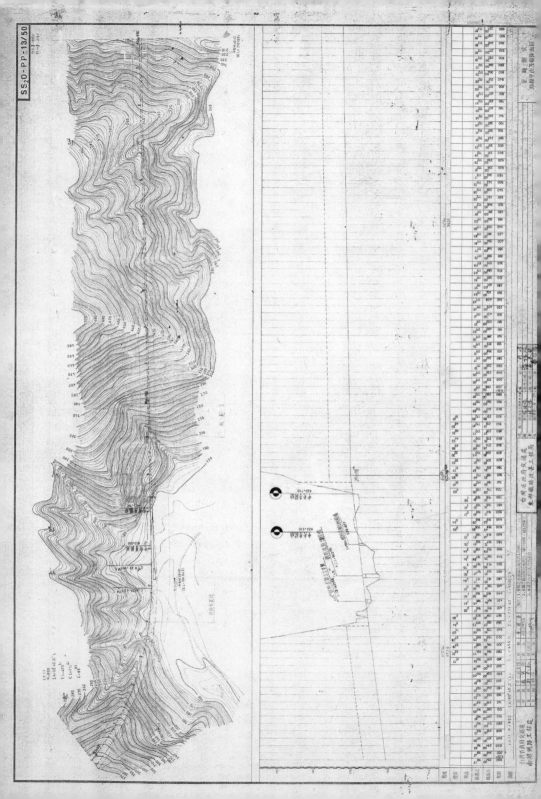

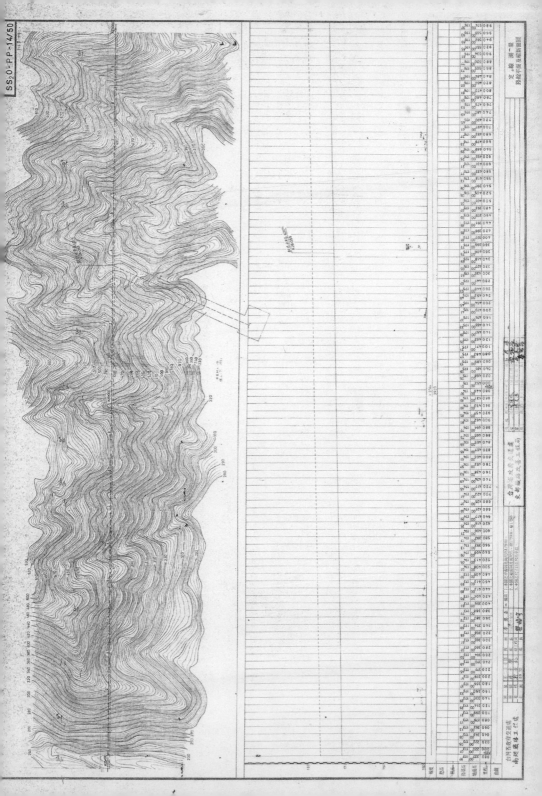

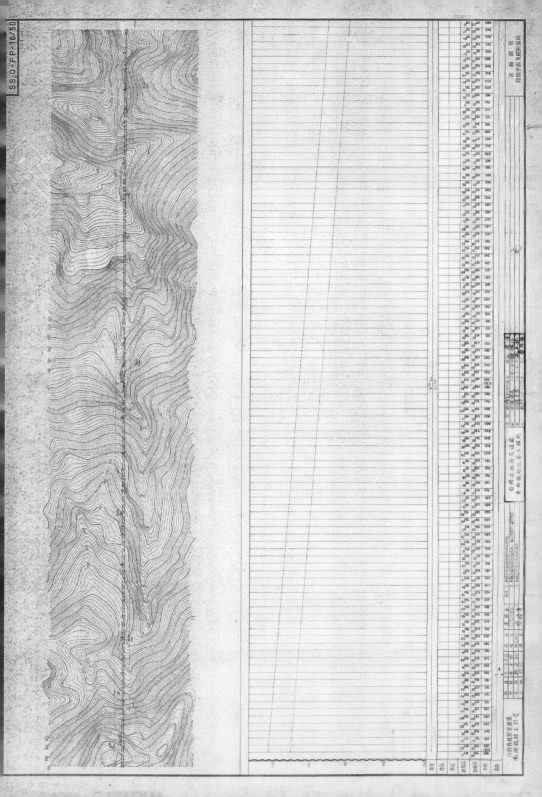

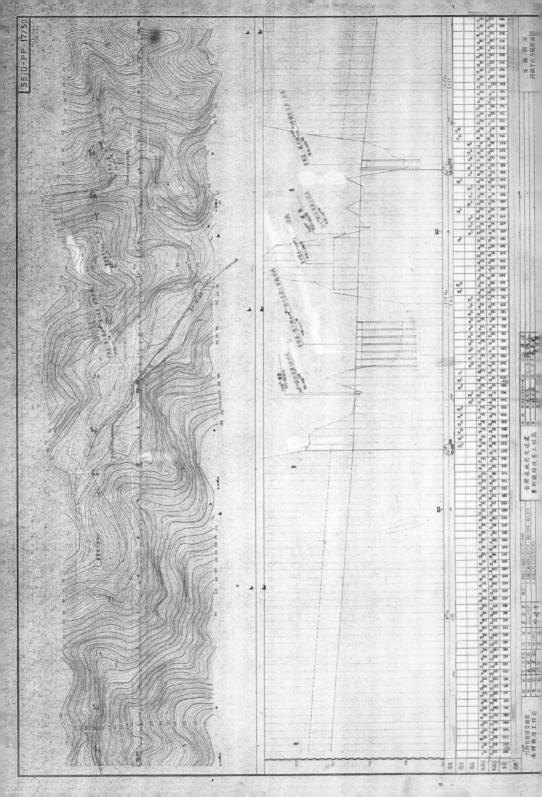

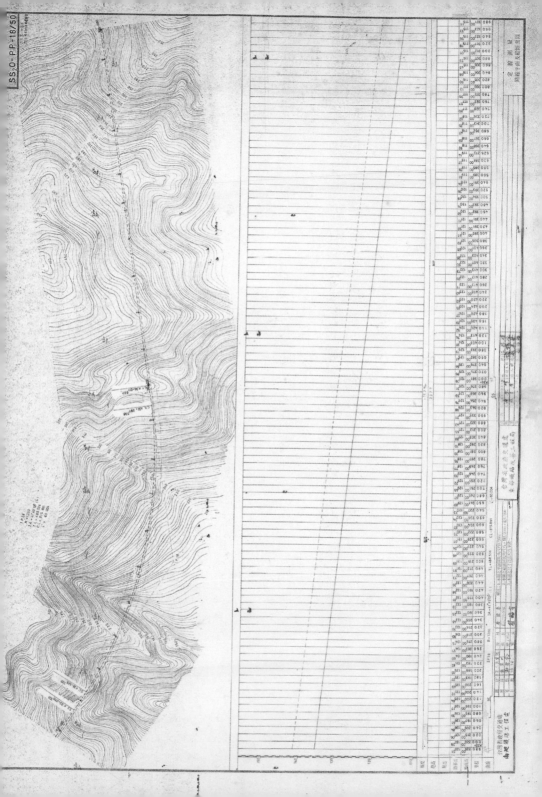

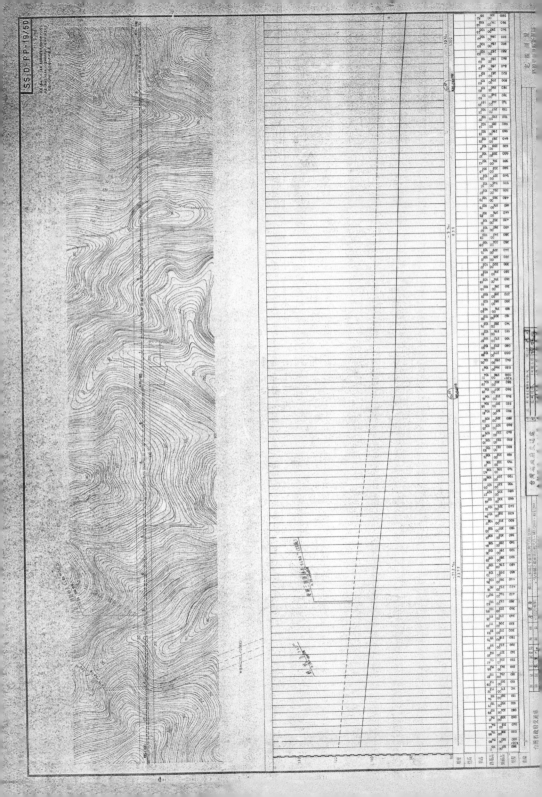

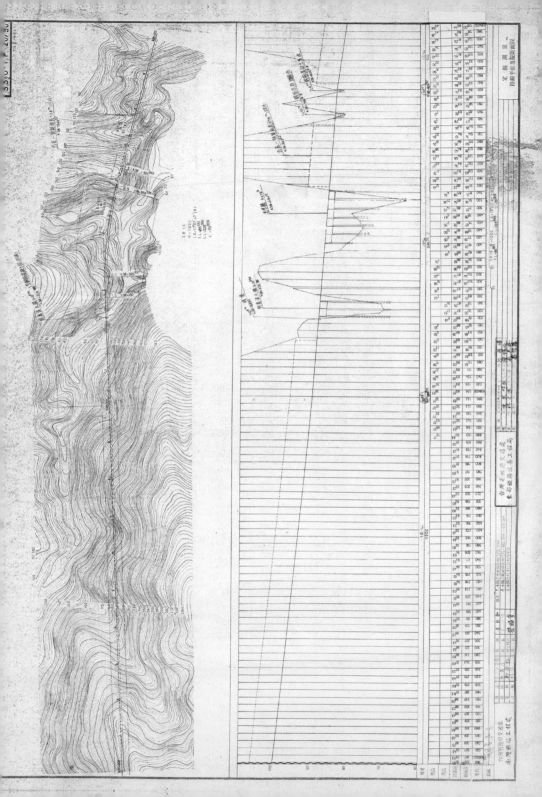

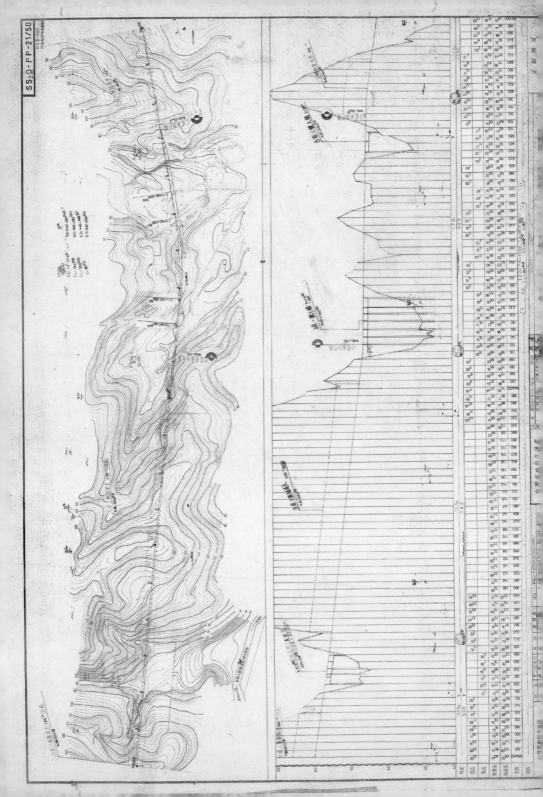

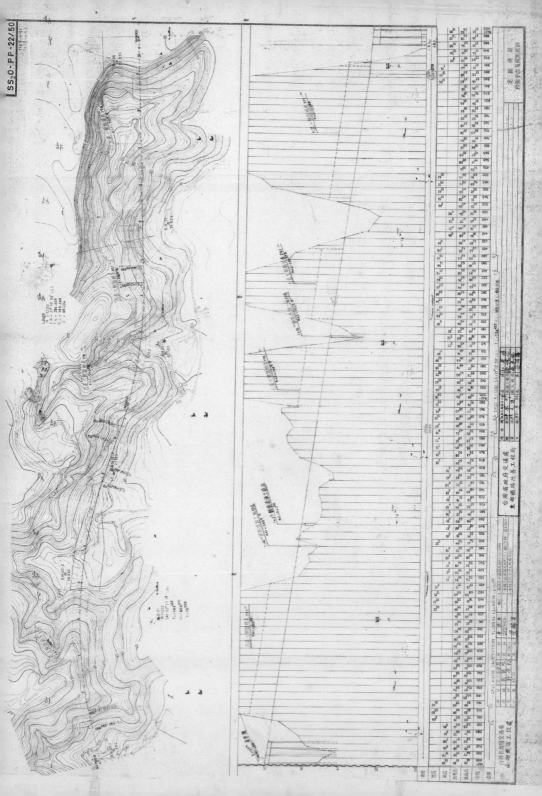

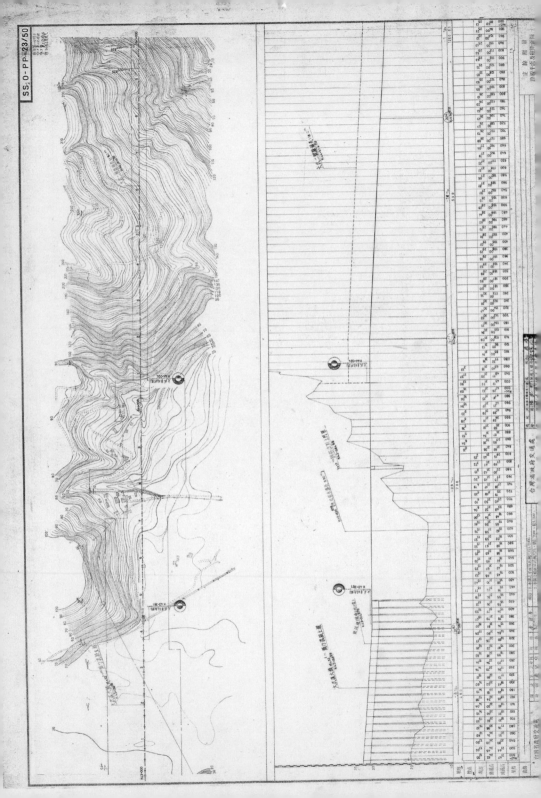

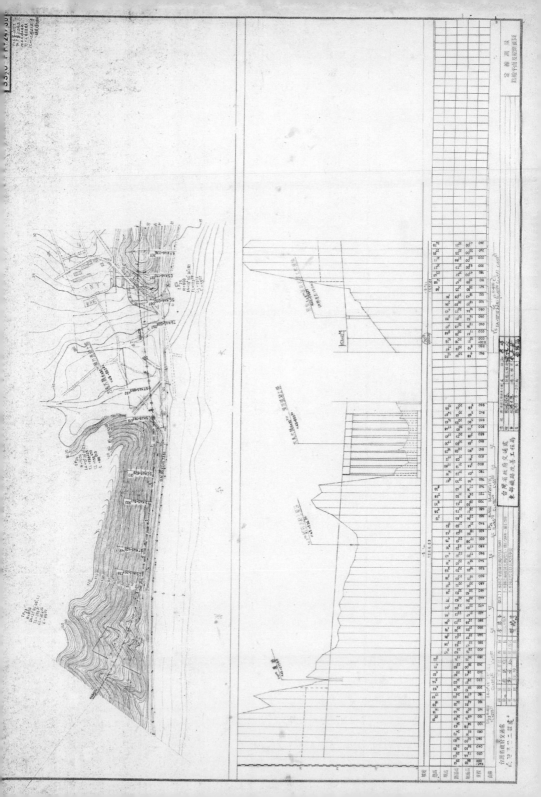

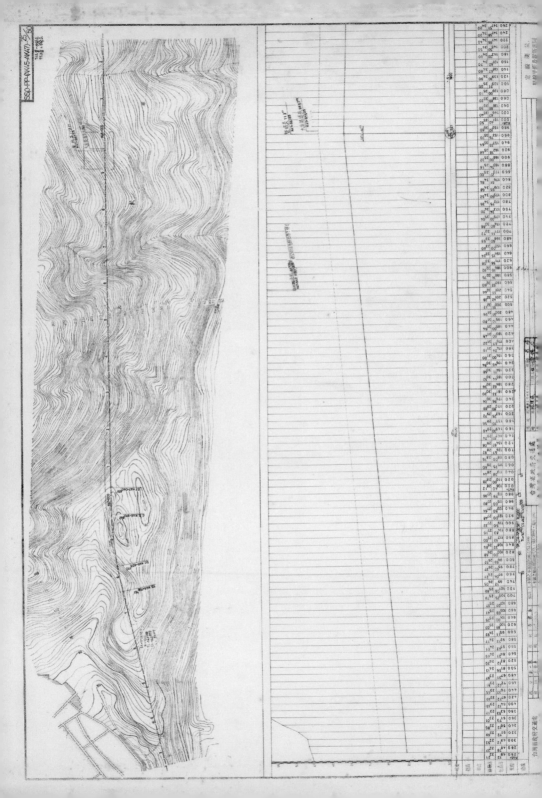

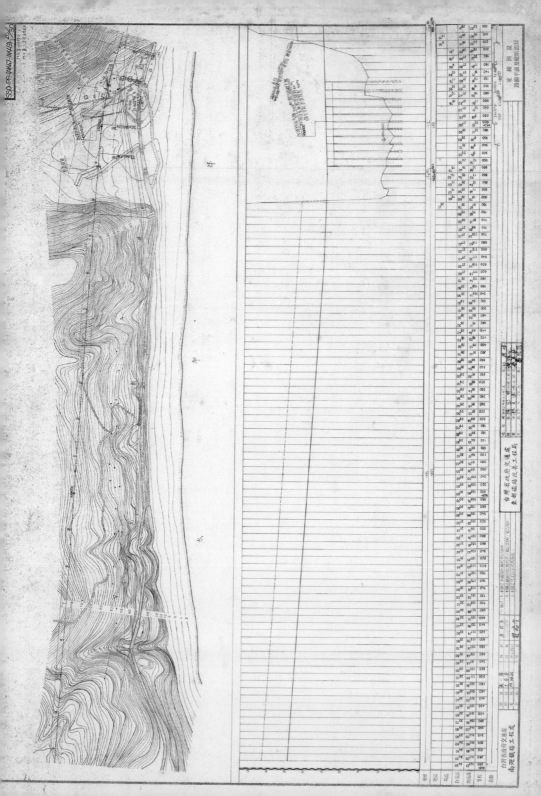

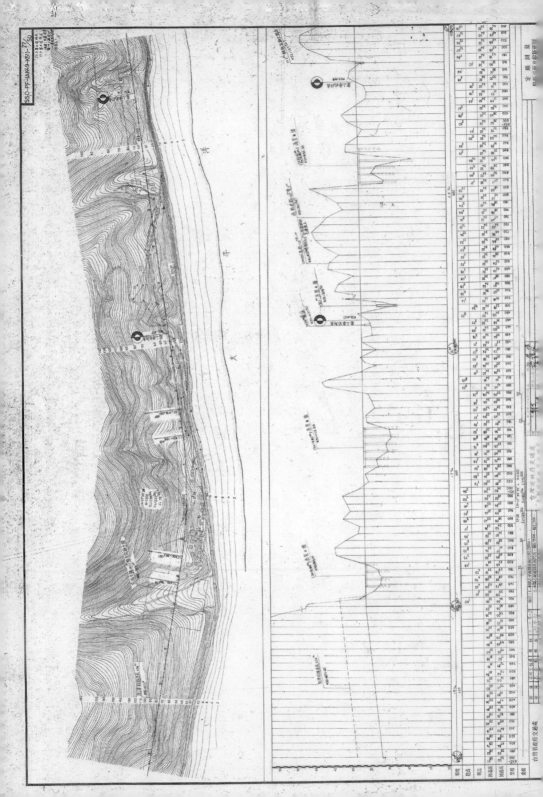

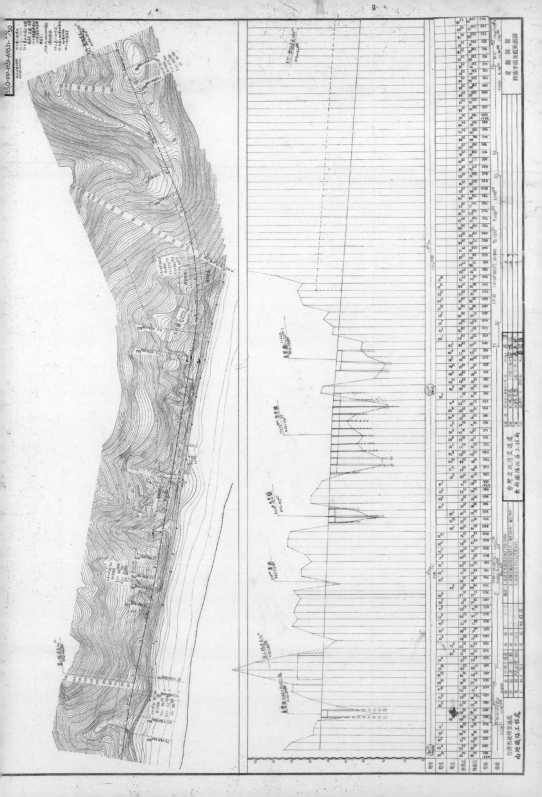

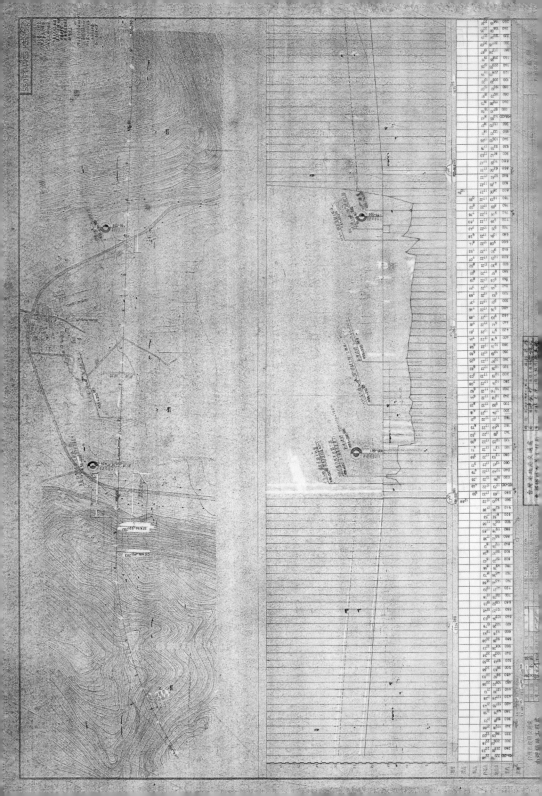

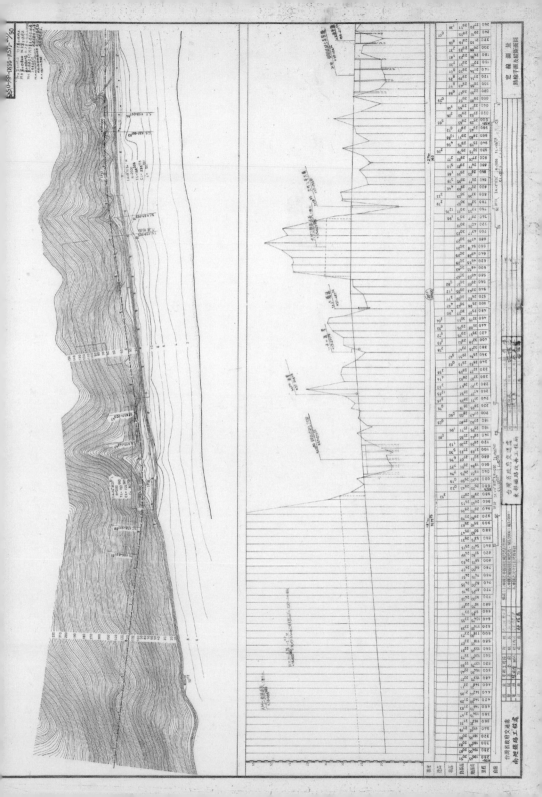

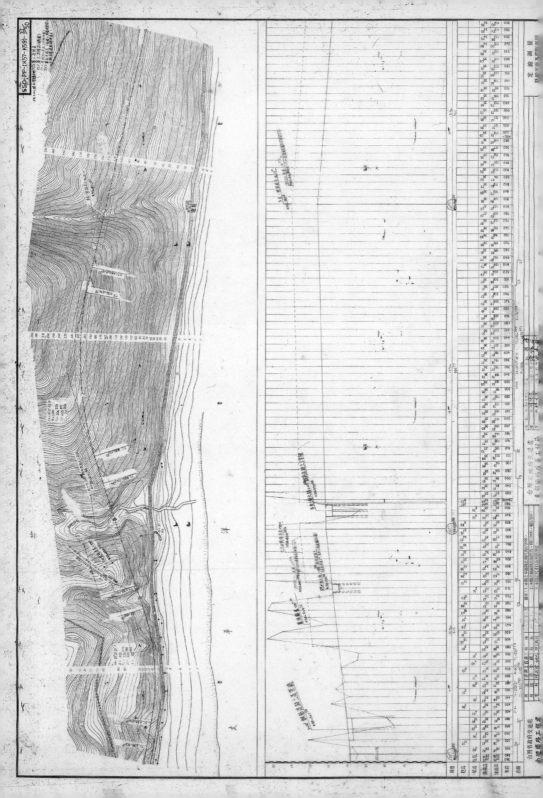

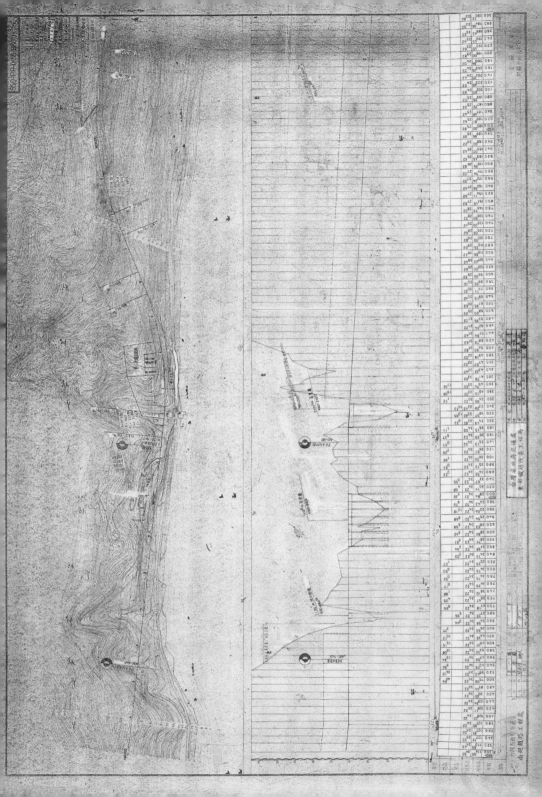

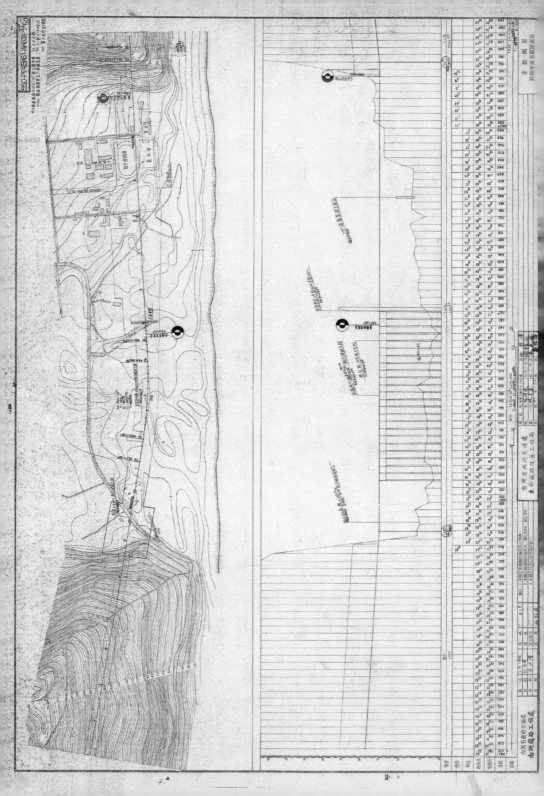

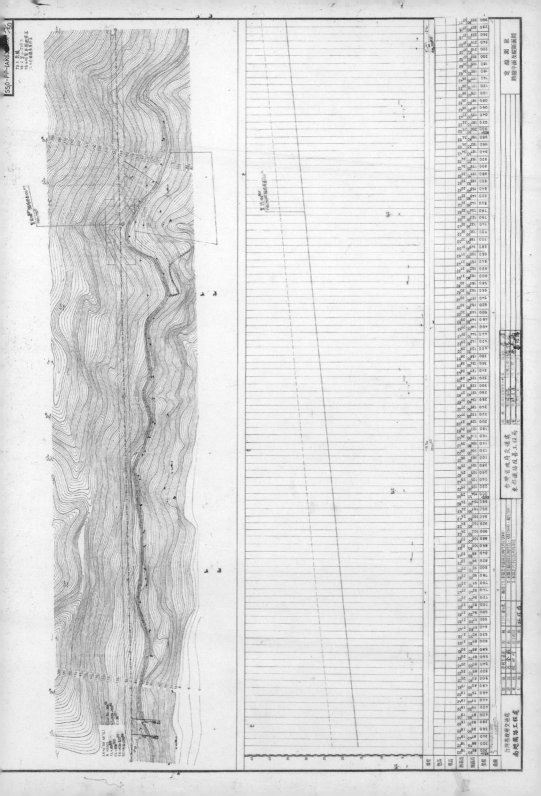

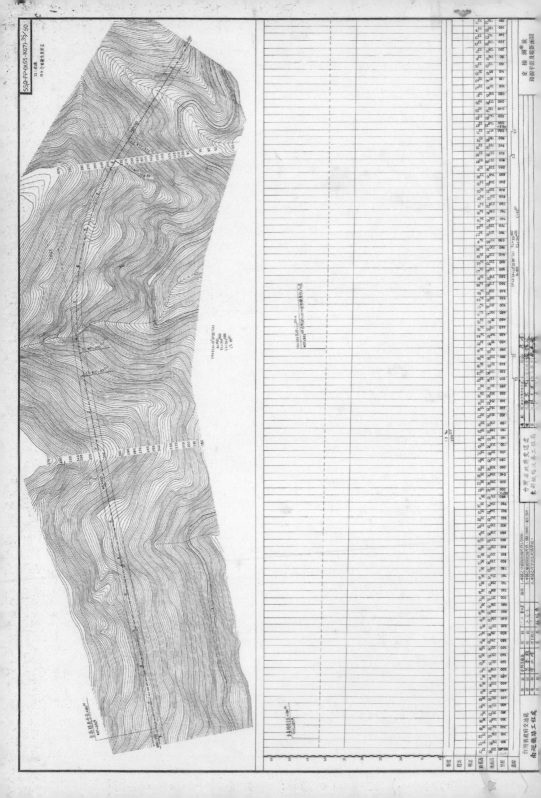

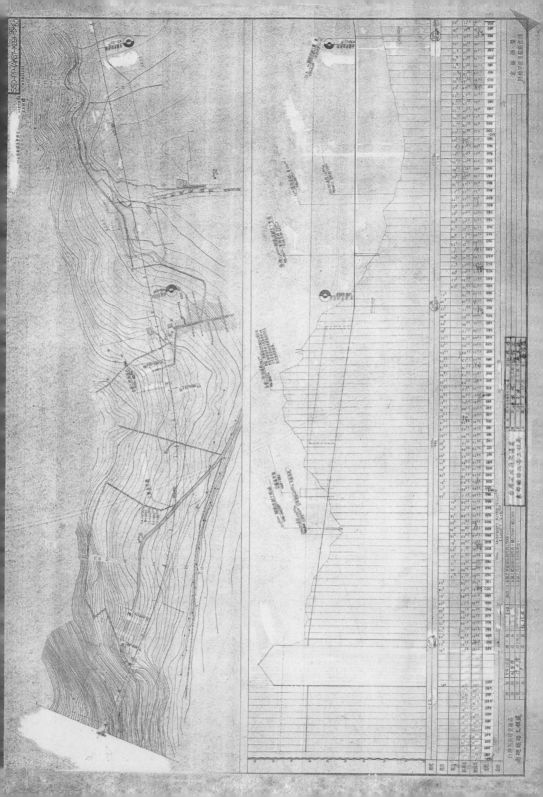

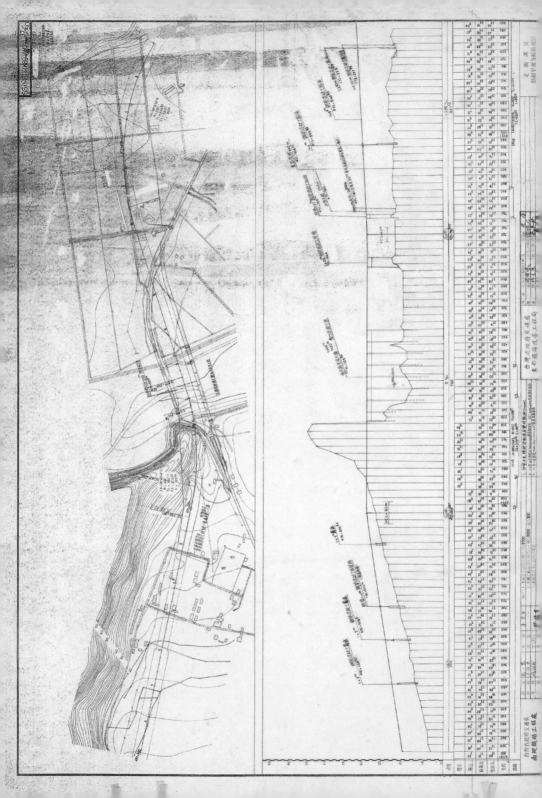

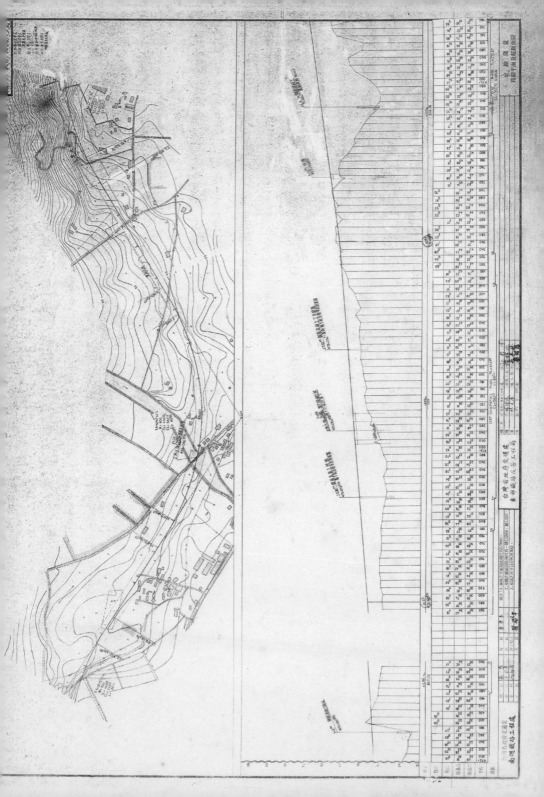

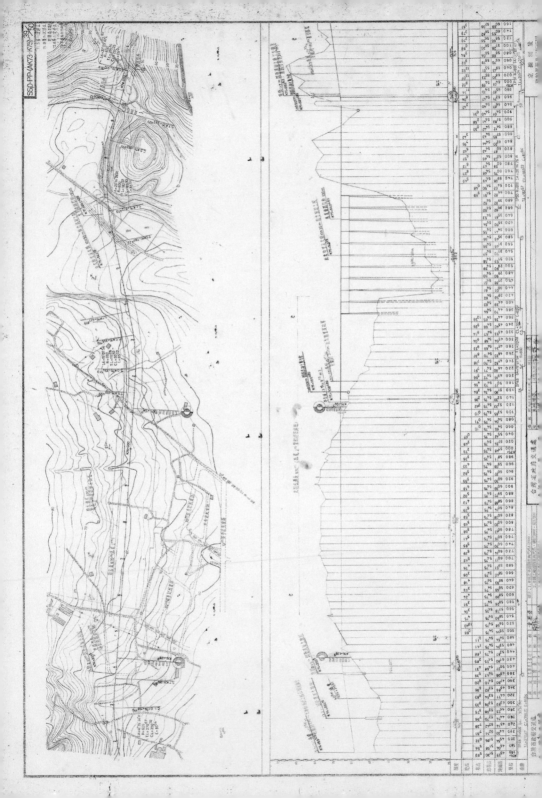

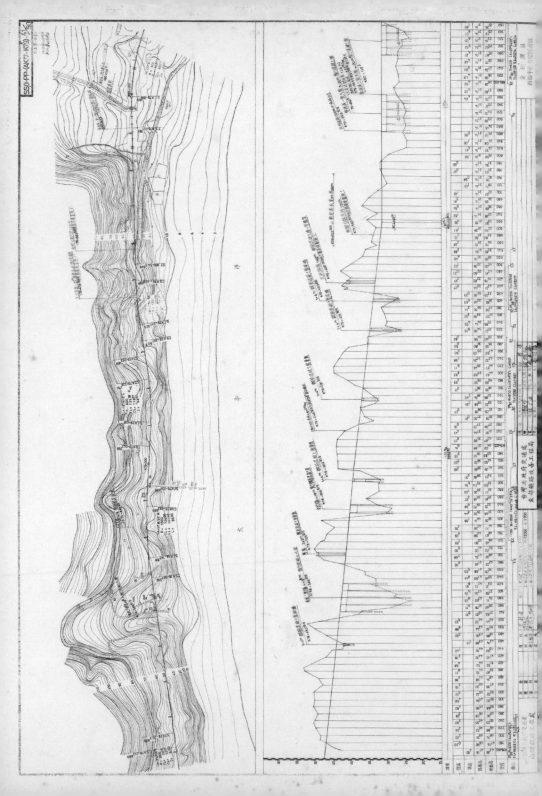

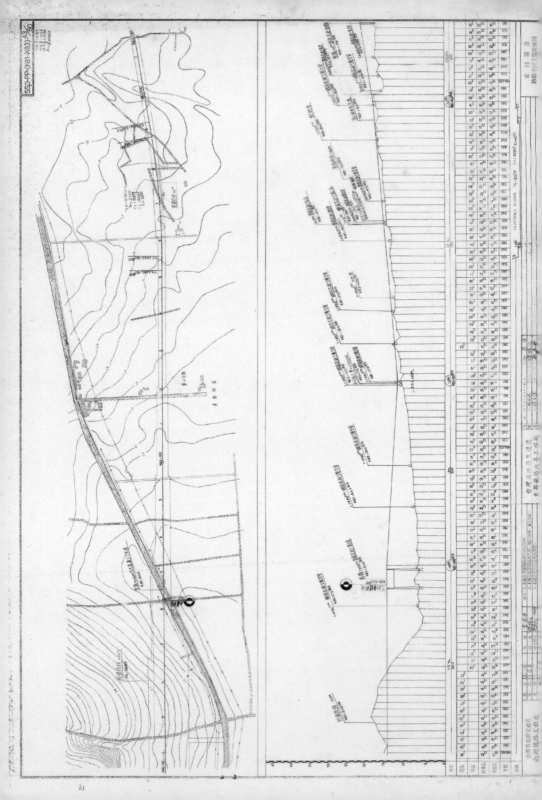

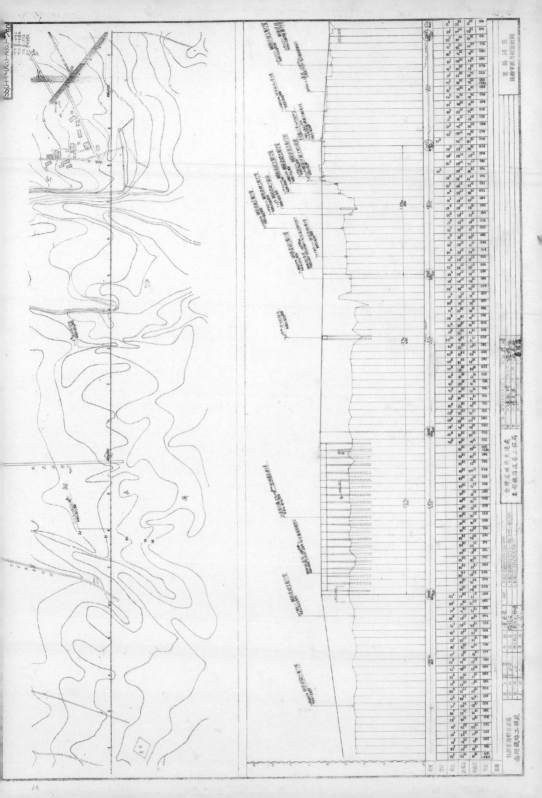

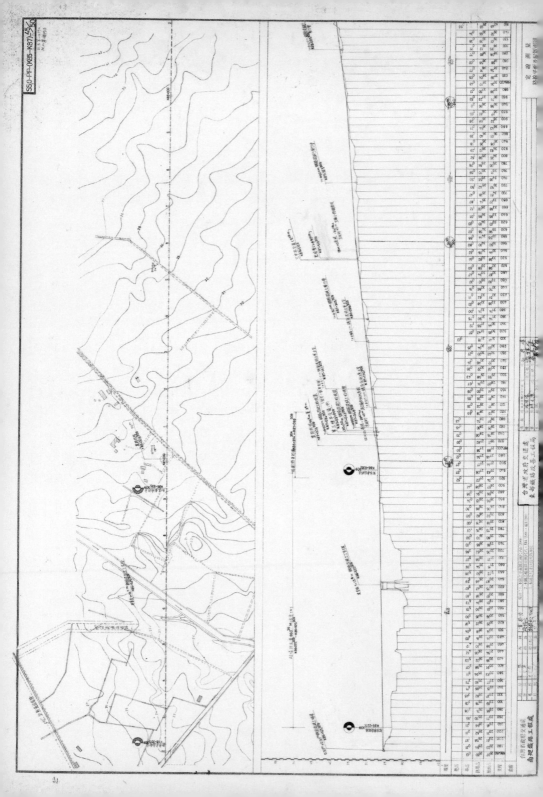

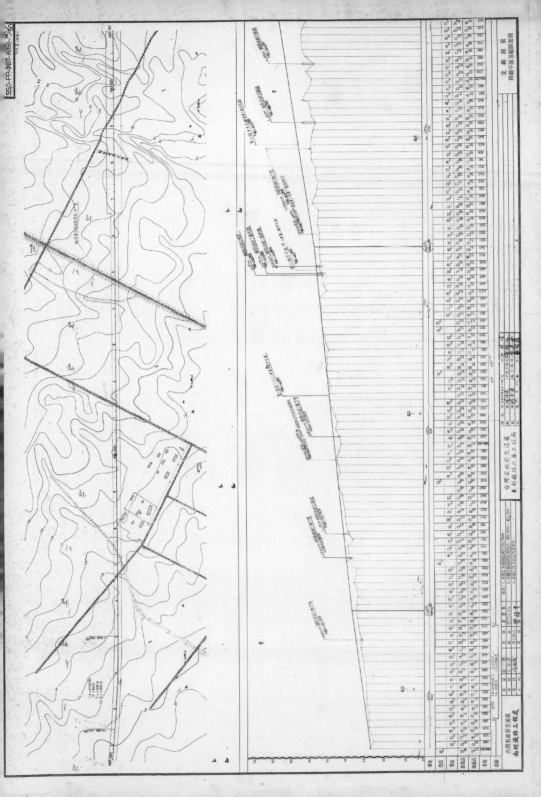

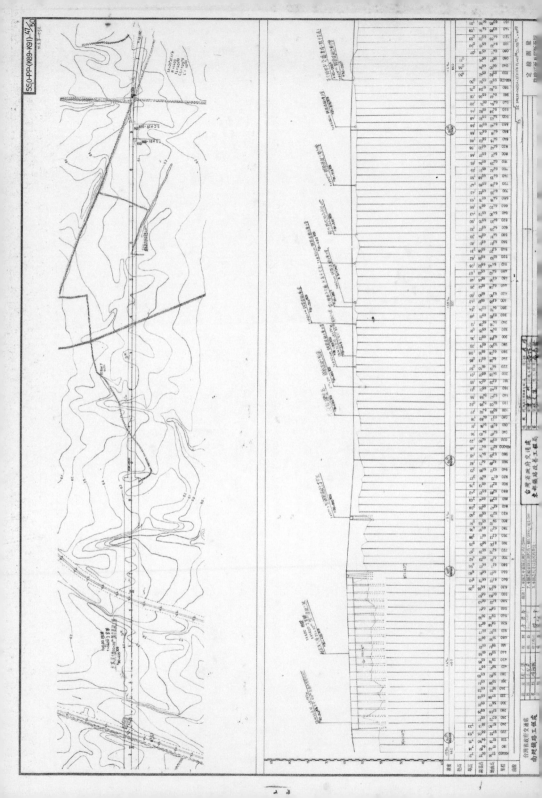

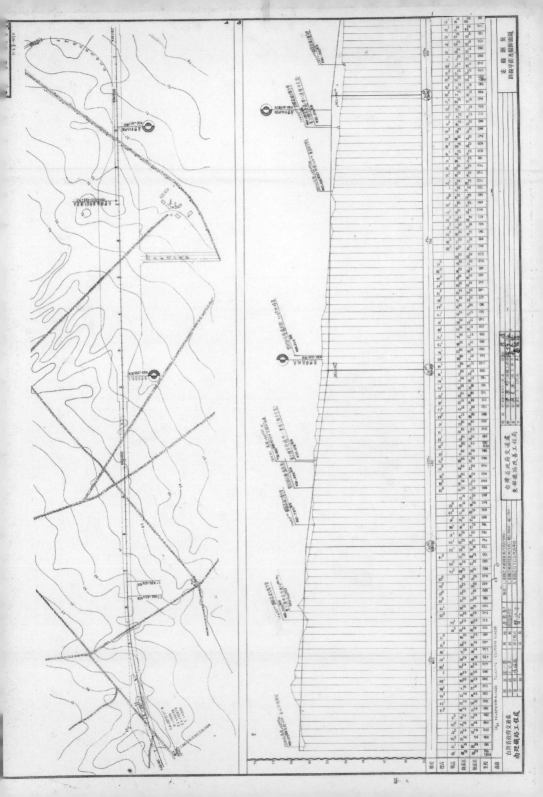

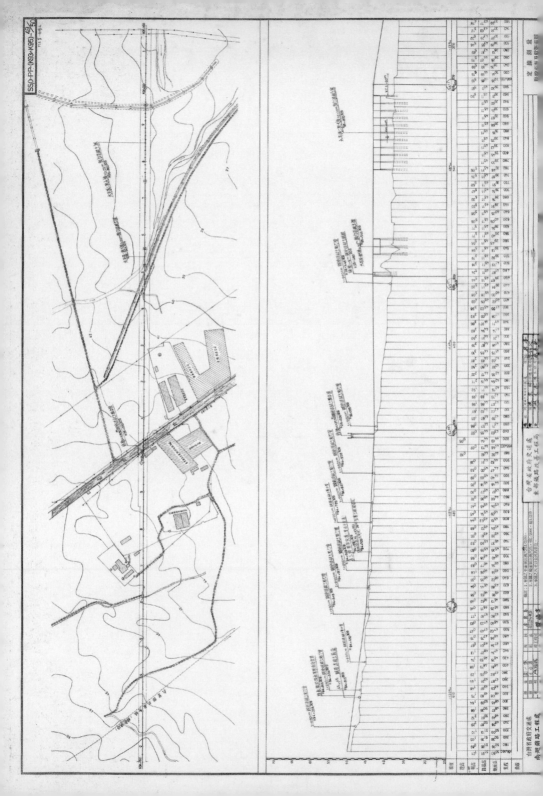

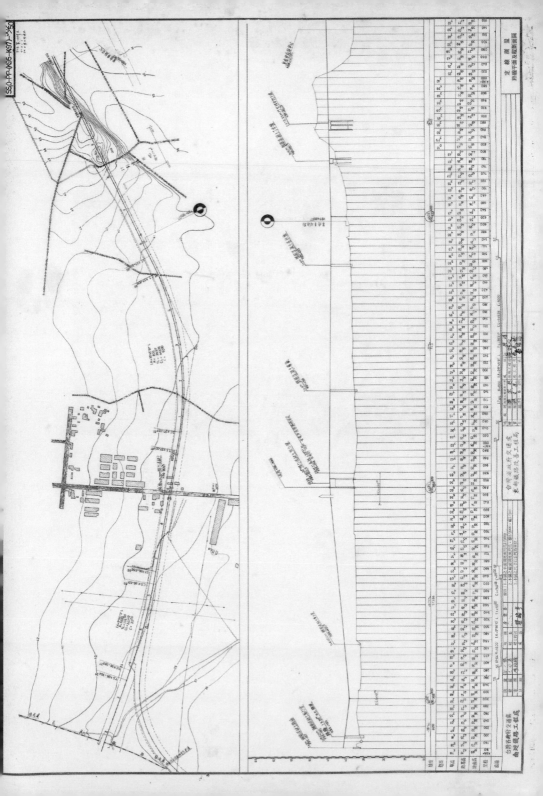

攝影／黃凱群。

國家圖書館出版品預行編目 (CIP) 資料

南方，寂寞鐵道 On the train / 蕭菊貞著 . -- 初版 . --
臺北市 : 大塊文化出版股份有限公司 , 2023.06, 336
面 ; 14.8*21 公分 . -- （Mark ; 179）
ISBN 978-626-7206-66-9（平裝）

1.CST: 火車 2.CST: 鐵路史 3.CST: 臺灣

557.26339   111020984

LOCUS

LOCUS